【十一訂版】

宗教法人ハンドブック

設立・会計・税務のすべて

実藤秀志 著

税務経理協会

十一訂版発行にさいして

　本書は，平成8年初版発行から22年が経ち，平成も来年の4月30日をもって終了を迎えようとしています。

　この間，パソコンやスマートフォンの普及，さらにAIの登場など社会は目まぐるしく変化しました。これに伴ない，本書もよりコンパクトで，分かり易いものを目指し，簡単に調べられるものは，なるべく削除させて頂きました。

　さて，十一訂版では，4年ぶりの改訂ということで，主としてⅢ宗教法人の税務についての改訂となりました。

　法人税の関係では，来年10月1日以後開始事業年度から，地方法人税が廃止され，法人事業税に復元されます。鉱業用減価償却資産の法定償却方法も改正がありました。さらに，青色欠損金の繰越控除についても改正がありました。また，役員給与，交際費の損金不算入額，貸倒引当金について，修正加筆を行いました。

　次に，消費税については，来年10月から10％の税率と8％の軽減税率になる予定のため，この点も本書で言及しました。また，簡易課税制度のみなし仕入率に新たにみなし仕入率40％の不動産業が加わりました。所得税の源泉徴収義務関係としては，マイナンバー制度について新たに加筆しました。贈与税・相続税についても，改正を反映させました。

　十一訂版も十訂版と同様，より分かり易いハンドブックを目指して作りました。十一訂版も読者の皆様のお役に立てば幸いです。

　最後に，十一訂版発行にあたりまして，税務経理協会の皆様にたいへんお世話になり，この場を借りて感謝申し上げる次第です。

平成30年11月

実藤　秀志

はしがき

　宗教法人が，たいへん注目をあびています。

　優遇税制やずさんな経理に対してといったように，注目の多くがその批判に係わるものであることのように思えてなりません。

　一方，宗教法人側からしますと，会計・税金を含めた体系的な本もなく，実際のところどのように運営していったら良いか，暗中模索といったところだろうと思われます。

　そこで，本書は，全体を3つに分け，Ⅰ宗教法人では設立から解散までを説明し，Ⅱ宗教法人会計では，会計規定から実際の決算書の作り方までを示し，Ⅲ宗教法人の税務では，宗教法人の税務についてムダな記述を省き，ポイントを押さえることによって，全体として体系的に記述することを試みてみました。

　さらに本書は今回の宗教法人法の改正及び平成8年度税制改正を取り入れ最新のものにしました。

　また，本書は宗教法人の経理担当者のみならず，公認会計士や税理士といった専門家の方々にも役立ち得るように配慮したつもりです。

　本書が，皆様方のお役に立てば幸いです。

　なお，本書発刊にあたって税務経理協会のスタッフの皆様にたいへんお世話になり感謝を申し上げます。

　平成8年1月

実藤　秀志

目　次

十一訂版発行にさいして
はしがき

Ⅰ　宗教法人

- ① 宗教法人とは ……………………………………………… 3
  - 1　宗　教　法　人 ……………………………………… 3
  - 2　宗教法人と民法法人との相違 ……………………… 4
    - (1) 設立について ……………………………………… 4
    - (2) 管理運営について ………………………………… 4
    - (3) 報告及び質問について …………………………… 5
    - (4) 解散命令について ………………………………… 6
  - 3　営利法人と中間法人 ………………………………… 7
  - 4　宗教法人のメリット・デメリット ………………… 8
- ② 設　　　立 …………………………………………………… 9
  - 1　概　　　要 …………………………………………… 9
  - 2　規　　　則 …………………………………………… 10
  - 3　設　立　公　告 ……………………………………… 17
  - 4　規則の認証申請 ……………………………………… 17
  - 5　規則の認証 …………………………………………… 18
  - 6　設　立　登　記 ……………………………………… 19
  - 7　成立届の提出 ………………………………………… 20
- ③ 機　　　関 …………………………………………………… 21
  - 1　概　　　要 …………………………………………… 21
  - 2　代　表　役　員 ……………………………………… 21
    - (1) 地位と資格 ………………………………………… 21

1

(2)	職務権限	22
(3)	任期等	23
(4)	罰則	23

  3　責任役員 …………………………………………………… 24
    (1)　地位と資格 ……………………………………………… 24
    (2)　職務権限 ………………………………………………… 24
    (3)　選任等 …………………………………………………… 25
  4　代務者 ……………………………………………………… 25
    (1)　地位と職務権限 ………………………………………… 25
    (2)　選任等 …………………………………………………… 25
  5　仮代表役員・仮責任役員 ………………………………… 26
    (1)　地位 ……………………………………………………… 26
    (2)　職務権限 ………………………………………………… 26
    (3)　退任 ……………………………………………………… 27
  6　監査機関 …………………………………………………… 27
    (1)　地位と資格 ……………………………………………… 27
    (2)　職務権限 ………………………………………………… 27

4　事務運営 ……………………………………………………… 28
  1　備付書類・帳簿 …………………………………………… 28
  2　公告 ………………………………………………………… 31
    (1)　目的 ……………………………………………………… 31
    (2)　公告方法 ………………………………………………… 31
    (3)　公告が必要な場合 ……………………………………… 32
  3　規則変更 …………………………………………………… 34
    (1)　変更手続 ………………………………………………… 34
    (2)　特例 ……………………………………………………… 36
  4　登記 ………………………………………………………… 39

5 合併・解散 …………………………………………………… 42
1 合　　併 ………………………………………………… 42
(1) 意　　義 ……………………………………………… 42
(2) 手　　続 ……………………………………………… 42
(3) 認証申請 ……………………………………………… 43
(4) 認証と登記 …………………………………………… 45
2 解　　散 ………………………………………………… 46
(1) 意　　義 ……………………………………………… 46
(2) 手　　続 ……………………………………………… 47
(3) 清　　算 ……………………………………………… 49
3 不活動宗教法人 ………………………………………… 50

Ⅱ　宗教法人会計

1 会 計 規 定 …………………………………………………… 53
1 概　　要 ………………………………………………… 53
2 会計年度 ………………………………………………… 54
3 会計区分 ………………………………………………… 55
4 勘定科目 ………………………………………………… 55
(1) 財産目録 ……………………………………………… 55
(2) 予算書及び収支計算書 ……………………………… 57
(3) 資金の範囲について ………………………………… 59
(4) 減価償却について …………………………………… 59
(5) 正味財産について …………………………………… 59
(6) 基本金と基本財産について ………………………… 60
(7) 予備費について ……………………………………… 61
(8) コンピューター会計の導入 ………………………… 61

2 予 算 管 理 …………………………………………………………… 62
   1 予算の意義 ………………………………………………………… 62
   2 予算編成・決定 …………………………………………………… 63
   3 収支予算書の具体例 ……………………………………………… 63
   4 予算の管理 ………………………………………………………… 64
3 決　　　算 …………………………………………………………… 67
   1 概　　要 …………………………………………………………… 67
   2 収支計算書の作り方 ……………………………………………… 68
   3 財産目録・貸借対照表の作成 …………………………………… 70
   4 正味財産増減計算書 ……………………………………………… 74
   5 資金剰余金調整計算書 …………………………………………… 74
   6 監　　査 …………………………………………………………… 76
4 財産の管理と処分 …………………………………………………… 77
   1 財産の管理 ………………………………………………………… 77
   (1) 概　　要 ………………………………………………………… 77
   (2) 特別財産の管理 ………………………………………………… 77
   (3) 基本財産の管理 ………………………………………………… 78
   (4) 普通財産の管理 ………………………………………………… 79
   (5) 負債の管理 ……………………………………………………… 80
   (6) 物品の管理 ……………………………………………………… 80
   2 財産の処分 ………………………………………………………… 81
   (1) 概　　要 ………………………………………………………… 81
   (2) 手　　続 ………………………………………………………… 82

Ⅲ　宗教法人の税務

1 概　　　要 …………………………………………………………… 85
   1 税法上の取扱い …………………………………………………… 85

2　非　課　税 ……………………………………………… 85
　　3　公益事業と収益事業 …………………………………… 86
　　4　区 分 経 理 ……………………………………………… 89
② 法　人　税 …………………………………………………… 90
　　1　所得計算と税額計算 …………………………………… 90
　　　(1)　所得計算の通則 …………………………………… 90
　　　(2)　益 金 の 額 ………………………………………… 90
　　　(3)　損 金 の 額 ………………………………………… 91
　　　(4)　企業利益と課税所得 ……………………………… 91
　　　(5)　税 額 計 算 ………………………………………… 91
　　　(6)　申　　　告 ………………………………………… 91
　　2　役 員 給 与 ……………………………………………… 92
　　　(1)　役員の範囲 ………………………………………… 92
　　　(2)　役 員 報 酬 ………………………………………… 93
　　　(3)　役 員 賞 与 ………………………………………… 94
　　　(4)　役員退職給与 ……………………………………… 94
　　3　寄　付　金 ……………………………………………… 95
　　　(1)　範　　　囲 ………………………………………… 95
　　　(2)　みなし寄付金 ……………………………………… 95
　　　(3)　損金算入限度額 …………………………………… 96
　　4　交　際　費 ……………………………………………… 96
　　　(1)　範　　　囲 ………………………………………… 96
　　　(2)　損金算入限度額 …………………………………… 96
　　　(3)　隣接費との区分 …………………………………… 97
　　5　使途秘匿金 ……………………………………………… 98
　　6　租 税 公 課 ……………………………………………… 98
　　　(1)　概　　　要 ………………………………………… 98
　　　(2)　取　扱　い ………………………………………… 98

7	保　険　料	99
8	貸倒損失	100
(1)	概　　要	100
(2)	未収入金について	100
(3)	貸付金について	100
9	リース取引	100
(1)	意　　義	100
(2)	取　扱　い	101
10	固定資産と減価償却	101
(1)	固定資産について	101
(2)	減価償却について	102
11	貸倒引当金	104
(1)	概　　要	104
(2)	貸金の範囲	104
(3)	繰入限度額	105
12	繰越欠損金	106
(1)	概　　要	106
(2)	青色年度の欠損金の繰越控除	106
(3)	災害損失金の繰越控除	106
(4)	欠損金の繰戻し還付	107

③ 消　費　税 ……………………………………………………… 108
　1　概　　要 ……………………………………………………… 108
　2　課 税 取 引 …………………………………………………… 108
　　(1)　国 内 取 引 ……………………………………………… 108
　　(2)　輸 入 取 引 ……………………………………………… 108
　3　非課税取引 …………………………………………………… 108
　　(1)　性格上課税対象とならないもの ……………………… 108
　　(2)　特別の政策的配慮によるもの ………………………… 109

4　不課税取引 …………………………………………………… 109
　　5　納税義務者及び税率 ………………………………………… 111
　　6　税額計算の原則 ……………………………………………… 111
　　　(1)　概　　要 …………………………………………………… 111
　　　(2)　税額計算に必要な用語の説明 …………………………… 112
　　7　簡易課税制度 ………………………………………………… 115
　　8　特別会計を有する場合の取扱い …………………………… 115
　　9　経 理 方 法 …………………………………………………… 116
　　10　申　告　等 …………………………………………………… 117
④　所得税の源泉徴収義務 ……………………………………… 118
　　1　概　　要 ……………………………………………………… 118
　　2　給与支払者の事務手続 ……………………………………… 118
　　3　給与受給者の事務手続 ……………………………………… 118
　　4　年 末 調 整 …………………………………………………… 119
　　5　法 定 調 書 …………………………………………………… 119
　　6　マイナンバー制度について ………………………………… 119
⑤　贈与税・相続税 ……………………………………………… 122
　　1　個人が宗教法人に生前贈与・遺贈・死因贈与した場合 … 122
　　2　個人が宗教法人に相続により取得した財産を贈与した
　　　場合 …………………………………………………………… 123
　　3　住職の相続と贈与 …………………………………………… 123
　　　(1)　ポイント …………………………………………………… 123
　　　(2)　概　　要 …………………………………………………… 123
　　　(3)　小規模宅地の評価の特例と配偶者の税額軽減 ………… 123
　　　(4)　基礎控除と税率 …………………………………………… 124
　　　(5)　贈　与　税 ………………………………………………… 125
⑥　税務調査と今後の税制の動向 ……………………………… 127
　　1　税 務 調 査 …………………………………………………… 127

(1) ポイント ……………………………………………………… 127
　　(2) 税務調査を無難に終わらせる方法 …………………………… 127
　　(3) 税務調査否認事例 ……………………………………………… 128
　　(4) 最近の税務調査手続の改正 …………………………………… 129
　2　今後の税制の動向 ………………………………………………… 130

参 考 文 献 ………………………………………………………………… 131

I　宗教法人

① 宗教法人とは

1 宗教法人

　宗教法人とは，宗教法人法によって法人となった宗教団体をいいます。
　我が国では，憲法第20条第1項によって，信教の自由が保障されており，宗教法人でなくても，宗教活動を行なうことは自由です。
　しかし，同じ信仰の人たちが集まって，集団が形成されますと，個人のものと区別された共有財産が生じ，それを管理・運営する必要性が生じてくるのです。
　そこで，宗教法人法では，第4条第1項において，信仰を同じくする集団のうち一定のものを「宗教団体」とし，法人格を付与したのです。
　宗教法人法第2条では，宗教法人になれる宗教団体を次のように定めております。
　すなわち，宗教団体とは，宗教の教義をひろめ，儀式行事を行ない，及び信者を教化育成することを主たる目的とする以下に掲げる団体をいいます。
① 礼拝の施設を備える神社，寺院，教会，修道院その他これらに類する団体
② ①に掲げる団体を包括する教派，宗派，教団，教会，修道会，司教区その他これらに類する団体
　一般的に，①の宗教団体は単位宗教団体と呼ばれ，これが法人となったものは単位宗教法人と呼ばれており，②の宗教団体は包括宗教団体と呼ばれており，これが法人となったものは包括宗教法人と呼ばれています。
　また，単位宗教法人のうち，包括宗教団体に包括されている宗教法人は被包括宗教法人，包括されていないそれは単立宗教法人と呼ばれています。
　次に宗教法人も公益法人になります。

宗教法人法第6条において，宗教法人は公益事業を行なうことができ，さらに，その目的に反しない限り，公益事業以外の事業も行なうことができることとされています。
　宗教法人以外の公益法人としては，いわゆる民法法人と呼ばれる社団法人や財団法人，学校法人，社会福祉法人といったものがあります。
　民法法人は，平成20年12月1日より5年間で，一般社団法人，一般財団法人，公益社団法人，公益財団法人の4つに分かれることとなります。

2　宗教法人と民法法人との相違

　宗教法人と民法法人とは，同じ公益法人ではありながら，設立，管理運営，解散命令について以下のような相違がみられます。

(1) 設立について

　宗教法人の設立については，その規則について所轄庁の認証後，登記をすることによって成立します。
　所轄庁は，認証申請がされますと，①当該団体が宗教団体であるか否か，②当該規則の法令適合性，③当該設立手続の法令準拠性などを審査し，要件を具備していれば，その規則を認証する旨の決定を必ず行ない，要件具備の確認ができなければ，やはり認証をできない旨の決定を必ず行ないます。
　一方，民法法人の場合には，主務官庁の許可を得てはじめて成立し，主務官庁は申請に対して，①公益性を有するか否か，②財産は目的達成のため必要十分か，③名称は適切かなどを審査し，許可決定を下します。
　しかし，平成20年12月1日以降，民法法人は，一般社団・財団法人に移行し，その設立は準則主義となり大いに変わります。

(2) 管理運営について

　宗教法人においては，必置機関は，法人を代表する代表役員と事務を決定する責任役員とがあります。

また，従前は所轄庁には監督権限等がまったくなく，宗教法人による自主的管理運営が基本となっており，所轄庁への財産処分の承認や決算の届出義務といったものもありませんでしたが，平成7年の宗教法人法改正によって，決算書類の写の所轄庁への提出義務及び所轄庁の宗教法人に対する報告及び質問権が，新たに付け加わりました。

一方，民法法人の必置機関は，理事で，このうち1名を理事長として選出し，さらに社団法人では，社員総会も必置機関となります。

また，主務官庁は民法法人の業務を監督し，①命令，②業務や財産の状況についての検査といったものができます。ですから，民法法人には，毎年度，主務官庁に対して，事業計画や収支予算，決算等の届出義務が課せられています。

しかし，平成20年12月1日以降，現行の民法法人の管理運営は移行に伴い大きく変わってきます。

(3) 報告及び質問について

平成7年の宗教法人法改正において，以下の内容の第78条の2が加わりました。

まず，所轄庁は，次の場合に，当該宗教法人の業務又は事業の管理運営に関する事項に関し，当該宗教法人に対し報告を求め，又は当該職員に当該宗教法人の代表役員等に対して質問できるようになりました。

① 当該宗教法人が行う公益事業以外の事業について第6条第2項の規定に違反する事業があること
② 第14条第1項又は第39条第1項の規定による認証をした場合において，当該宗教法人について第14条第1項第1号又は第39条第1項第3号に掲げる要件を欠いていること
③ 当該宗教法人について第81条第1項第1号から第4号までの一に該当する事由があること

なお，報告及び質問をするにあたっては，以下の事項に留意しなければなりません。

① 職員が質問するために宗教法人の施設に立ち入るときは、当該宗教法人の代表役員等の同意を得なければならないこと
② 質問する職員は、身分証明書を携帯し、当該宗教法人の代表役員等に提示しなければならないこと
③ 報告及び質問をする場合には、所轄庁は、当該所轄庁が文部科学大臣であるときは、あらかじめ宗教法人審議会に諮問してその意見を聞き、当該所轄庁が都道府県知事であるときは、あらかじめ文部科学大臣を通じて宗教法人審議会の意見を聞かなければならないこと
④ ③の場合において、文部科学大臣は、報告を求め、又は当該職員に質問させる事項及び理由を宗教法人審議会に示して、その意見を聞かなければならないこと
⑤ 所轄庁は、報告及び質問をさせる場合には、宗教法人の宗教上の特性及び慣習を尊重し、信教の自由を妨げることがないように特に留意しなければならないこと

なお、所轄庁において、宗教法人の了承を得て行う任意の問い合わせ等については、こうした権限に基づくものでないことに留意する必要があります。

(4) 解散命令について

宗教法人については、一定の解散命令は、裁判所の権限で、所轄庁は、一定の場合の公益事業以外の事業の停止や認証取消ができるのみです。

なお、平成7年の宗教法人法改正におきまして、事業の停止や認証解消をする場合において、所轄庁は、当該所轄庁が文部科学大臣であるときはあらかじめ宗教法人審議会に諮問してその意見を聞き、当該所轄庁が都道府県知事であるときはあらかじめ文部科学大臣を通じて宗教法人審議会の意見を聞かなければならないことになりました。

さらに、文部科学大臣は、報告を求め、又は当該職員に質問させる事項及び理由を宗教法人審議会に示して、その意見を聞かなければなりません。

一方、民法法人については、主務官庁は、以下の場合に設立許可の取消がで

きます。
① 民法法人が目的以外の事業をしたとき
② 設立時に付された条件に違反したとき
③ 主務官庁の監督命令に違反したとき
④ 正当理由がなく3年以上事業を営まなかったとき
⑤ その他公益を害するような行為をしたとき

しかし,現行の民法法人は,平成20年12月1日以降の解散についても大きく変わってきます。

3 営利法人と中間法人

法人には,公益を目的とする公益法人の他に,営利法人と中間法人とがあります。

営利法人とは,営利を目的とする法人すなわち専ら構成員の私益を目的とする法人をいいます。したがって,営利法人は,法人の企業利益を何らかの形で構成員に分配することになります。

中間法人とは,目的が公益でも営利でもない法人をいい,例えば,同業者間の利益の増進,同一職場の者の地位向上を目的とするものなどをいいます。

以上のことをまとめますと,法人は以下のように分類されます。

法人区分	法人種類	根拠法
公益法人	公益社団法人,公益財団法人	公益認定法
	宗教法人	宗教法人法
	学校法人	私立学校法
	社会福祉法人	社会福祉法
営利法人	株式会社,合名会社,合資会社,合同会社	会社法
中間法人	医療法人	医療法
	協同組合その他	各特別法

4 宗教法人のメリット・デメリット

　宗教法人にすることのメリットとしては，①所有財産を宗教法人名義にできること，すなわち，相続を経ずに済みますから財産維持ができること，②各種税制上の恩恵が受けられることがあります。
　デメリットとしては，①世俗的事務取扱機関を設けなければならないこと，②一定の管理運営義務が生じることなどがあります。
　また，もちろん，宗教法人となった以上，宗教法人法を遵守する義務が当然生じます。

2 設　　立

1 概　　要

　宗教団体が宗教法人になるには，宗教団体としての活動実績があることを前提に，その規則について所轄庁の認証を得て，登記することが必要です。
　所轄庁とは，その主たる事務所の所在地を管轄する都道府県知事をいいます。
　ただし，従来は，包括宗教法人で，被包括宗教法人が他の都道府県内にある場合にのみ所轄庁は文部科学大臣でしたが，平成7年の宗教法人法改正によって，次の宗教法人の所轄庁も文部科学大臣となりました。
　① 他の都道府県内に境内建物を備える宗教法人（第5条第2項第1号）
　② ①以外の宗教法人であって①の宗教法人を包括するもの（第5条第2項第2号）
　③ ①②のほか，他の都道府県内にある宗教法人を包括するもの（第5条第2項第3号）
　なお，改正前宗教法人法において，旧法所轄庁が都道府県知事である宗教法人は，改正宗教法人法公布日（平成7年12月15日）において他の都道府県内に境内建物を備えているときは，同日から起算して6カ月以内に，所定の事項を記載した「境内建物関係書類」を添えて，その旨を旧法所轄庁を経由して，文部科学大臣に届け出なければなりません。
　さらに，前述の届け出をした宗教法人で，施行日（平成8年9月15日）において，滅失その他の事由により他の都道府県内に境内建物を備えないこととなったときは，施行日から起算して6カ月以内に，その旨を旧法所轄庁を経由して，文部科学大臣に届け出なければなりません。
　また，旧法所轄庁が都道府県知事である宗教法人で，施行日において他の都道府県内に境内建物を備えているときは，施行日から起算して6カ月以内に，

当該他の都道府県内の境内建物関係書類を添えて，その旨を旧法所轄庁を経由して，文部科学大臣に届け出なければなりません。

設立のステップは，次のとおりです。

第1ステップ……規則を作成し，設立会議の議決を経る
第2ステップ……包括宗教団体の承認（単立法人は不要）
第3ステップ……設立公告
第4ステップ……所轄庁に規則の認証申請
第5ステップ……所轄庁の審査・認証後，所轄庁から規則認証書，認証した旨を付記した規則及び謄本交付
第6ステップ……宗教法人設立登記（交付日から2週間以内）
第7ステップ……所轄庁へ登記簿謄本を添えて宗教法人成立届提出

2　規　　則

宗教法人設立に当たっては，まず規則を作成しなければなりません。これは，法人の管理運営を行なうための組織，根本原則を定めたものであり，日々の管理運営は，この規則に従って行なわれます。

この規則については，宗教法人法第12条第1項において，次の絶対的記載事項がありますから，もれなくこれらを規定して下さい。

一　目的
二　名称
三　事務所の所在地
四　設立しようとする宗教法人を包括する宗教団体がある場合には，その名称及び宗教法人非宗教法人の別
五　代表役員，責任役員，代務者，仮代表役員及び仮責任役員の呼称，資格及び任免並びに代表役員についてはその任期及び職務権限，責任役員についてはその員数，任期及び職務権限，代務者についてはその職務権限に関する事項
六　責任役員以外の議決，諮問，監査その他の機関がある場合には，その機

関に関する事項
七　宗教法人法第6条の規定による事業を行なう場合には，その種類及び管理運営に関する事項
八　基本財産，宝物その他の財産の設定，管理及び処分，予算，決算及び会計その他の財務に関する事項
九　規則の変更に関する事項
十　解散の事由，清算人の選任及び残余財産の帰属に関する事項を定めた場合には，その事項
十一　公告の方法
十二　宗教法人法第12条第1項第5号から第11号までに掲げる事項について，他の宗教団体を制約し，又は他の宗教団体によって制約される事項を定めた場合には，その事項
十三　前各号に掲げる事項に関連する事項を定めた場合には，その事項

設立においては，規則案が作成されましたら，団体関係者によって，設立の規則案の承認及び役員就任予定者の任命等に関する設立会議を開催し，議決を経ることが必要です。

なお，規則の作成方法については，以下の例を参考にして下さい。

宗教法人日本定借教規則（例）

第1章　総　則
（名　称）
第1条　この教団は，宗教法人法による宗教法人であって「日本定借教」という。
（事務所）
第2条　この宗教法人（以下「法人」という）は，事務所を千葉県船橋市松が丘1丁目35番1号に置く。
（目　的）
第3条　この法人は，定借の神を本尊として，『定期借地権活用ハンドブック』を所依の教典として，定期借地権に関する教義をひろめ，儀式行事を行い，及び信者を教化育成することを目的として，その目的を達成するために必要な業務を行う。
（公告の方法）
第4条　この法人の公告は，機関紙「日本定借新聞」に掲載して，これを行う。

第2章　役員その他の機関

第1節　代表役員及び責任役員

（員　数）

第5条　この法人には，3人の責任役員を置き，そのうち1人を代表役員とする。

（資格及び選任）

第6条　代表役員は，責任役員の互選とする。

2　責任役員は，総代会において選任する。

（任　期）

第7条　代表役員の任期は，2年とする。ただし，再任を妨げない。

2　責任役員の任期は，2年とする。ただし，再任を妨げない。

（代表役員の職務権限）

第8条　代表役員は，この法人を代表し，その事務を総理する。

（責任役員会及びその職務権限）

第9条　責任役員は，責任役員会を組織し，次の各号に掲げるこの法人の事務を決定する。

　(1)　予算編成
　(2)　決算承認
　(3)　歳計剰余金の処置
　(4)　特別財産及び基本財産の設定及び変更
　(5)　不動産及び重要な動産に係る取得，処分，担保の提供，その他重要な行為
　(6)　借入及び保証

2　責任役員会は，代表役員が招集する。

3　責任役員会の議事は，責任役員の定数の過半数で決する。

4　責任役員会における責任役員の議決権は，各々平等とする。

5　会議には，議事録を作成するものとする。

第2節　代務者

（置くべき場合）

第10条　次の各号の一に該当するときは，代務者を置かなければならない。

　(1)　代表役員又は責任役員が，死亡，解任，辞任，任期満了その他の事由によって欠けた場合において，速やかにその後任者を選ぶことができないとき。
　(2)　代表役員又は責任役員が，病気その他の事由によって3カ月以上その職務を行うことができないとき。

（選　任）

第11条　代表役員の代務者は，前条第1号に該当するときは，責任役員会において選任し，同条第2号に該当するときは，代表役員が選任する。

2　責任役員の代務者は，責任役員会において選任する。

（職務権限）

第12条　代務者は，代表役員又は責任役員に代って，その職務を行う。

2　代務者は,その置くべき事由が止んだときは,当然その職を退くものとする。
第3節　仮代表役員及び仮責任役員
（選　定）
第13条　代表役員又は代務者は,この法人と利益が相反する事項については,代表権を有しない。この場合においては,責任役員会において仮代表役員を選定しなければならない。
2　責任役員又はその代務者は,その責任役員又は代務者と特別の利害関係がある事項については,議決権を有しない。この場合において,議決権を有する責任役員又はその代務者の員数が責任役員会における当該事項に係る議決数に満たないこととなったときは,責任役員会においてその議決数に達するまでの員数以上の仮責任役員を選定しなければならない。
（職務権限）
第14条　仮代表役員又は仮責任役員は,前条に規定する事項について当該代表役員もしくは責任役員又はその代務者に代ってその職務を行う。
第4節　役員の解任
（代表役員の解任）
第15条　代表役員が次の各号の一に該当するときは,総代会において定数の3分の2以上の議決及び責任役員会においての定数の全員の議決により,当該代表役員を解任することができる。
(1)　心身の故障のため,職務遂行に支障があり,これに堪えない場合
(2)　職務上の義務に明らかに違反した場合
(3)　代表役員たるにふさわしくない行為があった場合
（責任役員の解任）
第16条　責任役員が前条各号の一に該当するときは,総代会及び責任役員会において各々定数の3分の2以上の議決を経て,代表役員は,当該責任役員を解任できるものとする。この場合において,同条第3号中の代表役員とあるのを責任役員と読み替えるものとする。
第17条　代務者の解任については,前2条の規定を準用する。
第5節　信者
（定　義）
第18条　信者とは,この法人の教義を信奉する者で,総代会の承認を受けた者をいう。
（義　務）
第19条　信者は,この法人の維持興隆に努めるものとする。
第6節　総代会
（総　代）
第20条　この法人に,総代10人を置く。
2　総代は,信者で衆望の帰するもののうちから責任役員会において選定し,代表

役員が任命する。
3　総代の任期は，2年とする。ただし，再任を妨げない。
4　総代は，この規則に定める事項を処理する他に，代表役員と協力して，この法人の目的達成及び維持興隆に努めるものとする。
　　（総代会）
第21条　総代は，総代会を組織し，次の各号に掲げる事項につき議決する。
　(1)　予算編成
　(2)　決算承認
　(3)　歳計剰余金の処置
　(4)　特別財産及び基本財産の設定及び変更
　(5)　不動産及び財産目録に掲げる宝物に係る処分，担保の提供等
　(6)　借入及び保証
　(7)　規則の変更，合併及び解散
　(8)　この法人の目的達成，維持興隆に関する事項など
2　総代会は，代表役員が招集する。
3　総代会の議事は，定数の過半数で決し，議事録を作成しておくものとする。
　　　　第7節　監　事
　　（監　事）
第22条　この法人に，監事2人を置く。
2　監事は，責任役員及び総代以外の者について，総代会において選任する。
3　監事の任期は，2年とする。ただし，再任を妨げない。
4　監事は，任期満了後においても，後任者が就任するまで，なおその職務を行うものとする。
5　監事は，この規則に定める職務を行うほか，この法人の財産状況を監査し，必要に応じ，責任役員会及び総代会に報告するものとする。
6　監事が第15条各号の一に該当するときは，総代会において定数の3分の2以上の議決により，当該監事を解任することができる。この場合において，同条第3号中の代表役員とあるのを監事と読み替えるものとする。
　　　　第8節　事務所
第23条　事務所に総務部及び教務部を設け，職員を置く。
2　職員の任免は，代表役員が行う。

　　　　第3章　財　務
　　（資産区分）
第24条　この法人の資産は，特別財産，基本財産及び普通財産とする。
2　特別財産は，宝物等のうちから設定する。
3　基本財産は，次の各号に掲げる財産とする。
　(1)　基本財産に指定された寄付財産

(2) 基本財産に編入された財産
4　普通財産は，特別財産及び基本財産以外の財産とする。
　　(特別財産及び基本財産の設定及び変更)
第25条　特別財産及び基本財産の設定又は変更をするときは，総代会及び責任役員会の議決を経なければならない。
　　(基本財産の管理)
第26条　基本財産たる現金は，郵便局もしくは銀行に預けるなど，代表役員が適正に管理するものとする。
　　(財産の処分等)
第27条　次に掲げる行為をしようとするときは，総代会及び責任役員会の議決を経て，その行為の少なくとも1カ月前に，信者等に対し，その旨を公告しなければならない。
　(1) 不動産又は財産目録に掲げる宝物を処分し，又は担保に供すること。
　(2) 借入又は保証
　　(経費の支弁)
第28条　この法人の経費は，普通財産をもって支弁する。
　　(予算編成)
第29条　予算は，毎会計年度開始1カ月前までに編成し，総代会及び責任役員会の議決を経なければならず，変更もこれと同様とする。
　　(予算区分)
第30条　予算は，経常収支及び臨時収支の2部に区分し，各々科目に細分し，歳入の性質及び歳出の目的を明示しなければならない。
　　(特別会計の設定)
第31条　特別の必要があるときは，総代会及び責任役員会の議決を経て，特別会計を設けることができる。
　　(決　算)
第32条　決算にあたって，財産目録，貸借対照表及び収支計算書を毎会計年度終了後3カ月以内に作成し，監事の監査を受けた上，総代会及び責任役員会の承認を受けなければならない。
　　(歳計剰余金の処置)
第33条　歳計に剰余を生じたときは，これを翌年度の歳入に繰り入れるものとする。
　　(会計年度)
第34条　この法人の会計年度は，毎年4月1日に始まり，翌年3月31日に終わるものとする。

　　第4章　事　業
　　(公益事業)
第35条　この法人は，次の事業を行う。

    (1)　定期借地権普及事業
    (2)　定期借地権の教育に関する事業
2　前項の事業は，別に定める事業運営規定に基づき，代表役員が管理運営する。
3　第1項の事業に関する会計は，一般会計から区分して，特別会計として経理しなければならない。
　　（公益事業以外の事業）
第36条　この法人は，次の事業を行う。
    (1)　出版事業
    (2)　講演事業

　　　第5章　補　則
　　（規則の変更）
第37条　この規則を変更しようとするときは，総代会及び責任役員会において各々定数の3分の2以上の議決を経た上で，所轄庁の認証を受けなければならない。
　　（合併又は解散）
第38条　この法人が合併又は解散しようとするときは，総代会において定数の3分の2以上の議決及び責任役員会において定数全員の議決を経た上で，所轄庁の認証を受けなければならない。
　　（備付書類及び帳簿）
第39条　この法人事務所には，常に次の書類及び帳簿を備付けなければならない。
    (1)　規則及び認証書
    (2)　役員名簿
    (3)　財産目録，貸借対照表及び収支計算書
    (4)　境内建物に関する書類
    (5)　責任役員会及び総代会の議事録
    (6)　事務処理簿
    (7)　出版事業及び講演事業に関する書類
　　（施行細則）
第40条　この規則の施行に関する細則は，責任役員会において，別に定める。

3 設立公告

　宗教法人の設立に当たっては、認証申請の少なくとも1カ月前に信者等に対して、規制の案の要旨を示して、宗教法人を設立する旨を公告しなければなりません。

　具体的な公告方法は、「新聞紙又は当該宗教法人の機関紙に掲載し、当該宗教法人の事務所の掲示場に掲示し、その他当該宗教法人の信者その他の利害関係人に周知させるに適当な方法」で行ないます（宗法人法第12条2項）。具体例は次の設立公告（例）を参考にして下さい。

　なお、設立公告を怠りますと、公告をしたことを証する書類が提出できないこととなり、書類不足で、申請を受理できず認証されないことになります。

設　立　公　告（例）

　このたび、下記（別紙）のとおり、千葉県船橋市松が丘1丁目35番1号において宗教法人日本定借教を設立することになりましたので、宗教法人法第12条第3項の規定によって公告します。

　平成○年12月1日
　　信者その他利害関係人各位

　　　　　　　　　　　　　　　　　　千葉県船橋市松が丘1丁目35番1号
　　　　　　　　　　　　　　　　　　　　宗教法人日本定借教
　　　　　　　　　　　　　　　　　　　　代表役員　実藤秀志　㊞

　　　　　　　　　　　　　　記（別紙）

規則の案の要旨

---

4 規則の認証申請

　宗教法人設立のための重要なものとして、規則の認証申請があります。
　これは、次の書類を所轄庁に提出することによって行ないます。
① 認証申請書
② 規則2通
③ 当該団体が宗教団体であることを証する書類

④　公告をしたことを証する書類
⑤　認証の申請人が当該団体を代表する権限を有することを証する書類
⑥　代表役員及び定数の過半数に当たる責任役員に就任を予定されている者の受託者

なお，所轄庁で様式が定まっている場合もありますから，事前に相談されるとよいでしょう。なお，責任役員の選任に当たっては，以下の「就任受託書」の他，次の4つの書類を法人事務所に備え付けなければなりません。

①　推薦機関の議事録
②　任命書
③　身分証明書
④　責任役員名簿

就 任 受 託 書

私は，宗教法人日本定借教の責任役員に就任することを受託いたします。
平成○年10月1日

　　　　　　　　　　　　　　　千葉県習志野市新栄1-10-6-304
　　　　　　　　　　　　　　　　　　　　伊　藤　章　㊞

宗教法人日本定借教
　　代表役員　実藤秀志殿

5　規則の認証

　規則の認証申請があった場合において，所轄庁は，申請書類の形式が不備でなければ受理します。
　そして，所轄庁は，3カ月以内に，次の要件を具備しているか否かを審査し，具備していれば認証，していなければ不認証とすることになります。そして，この3カ月以内とは，所轄庁が一定期間内に事務処理を終える義務を課したものですが，申請に係る添付書類等の証明事実の存在に理由ある疑いを抱くときは，この期間に拘束されません。

①　当該団体が宗教団体であること

② 当該規則が宗教法人法その他の法令の規定に適合していること
③ 当該設立手続が宗教法人法第12条の規定に従ってなされていること

　もっとも，所轄庁が認証審査を行なうに当たっては，たんに形式だけを審査するのでなく，その記載内容が真実のものであるか否かも重要なことです。もし，疑義がもたれますと，その疑義を明らかにするため，所轄庁は確認のための調査をすることができます。

　なお，所轄庁は，不認証の決定をする場合には，あらかじめ申請者に対して相当の期間内に意見を述べる機会を与えなければなりません。

6　設立登記

　規則認証後，宗教法人は登記が成立要件ですから，登記します。

　設立登記は，規則認証書交付日から2週間以内に，次の事項を主たる事務所の所在地においてしなければならず，従たる事務所もあれば，主たる事務所での設立登記後2週間以内に，従たる事務所の所在地において同様にしなければなりません。

① 目的
② 名称
③ 事務所
④ 包括宗教団体の名称及び法人格の有無（単立法人は不要）
⑤ 基本財産の総額
⑥ 代表権を有する者の氏名，住所及び資格
⑦ 規則で不動産又は財産目録に掲げる宝物の処分又は担保提供に関する事項を定めた場合にはその事項
⑧ 規則で解散事由を定めた場合にはその事由
⑨ 公告方法

なお，設立登記の際には，次の添付書類が必要となります。

① 規則の謄本
② 認証書の謄本

③ 代表役員の選任を証する書面及び代表役員の就任承諾書（一定の場合）
④ 責任役員の選任を証する書面

7　成立届の提出

　設立登記が完了したら財産目録を作成し，所轄庁に，遅滞なく，登記簿謄本を添えて，次の例のような宗教法人成立届を提出します。

　　　　　　　　　　　　　　　　　　　　　　　　　　平成〇年1月11日
千葉県知事殿
　　　　　　　　　　　　　　　　　　千葉県船橋市松が丘1丁目35番1号
　　　　　　　　　　　　　　　　　　宗教法人日本定借教
　　　　　　　　　　　　　　　　　　　代表役員　実藤秀志　㊞

　　　　　　　　　　　　宗教法人成立届

　このたび，宗教法人日本定借教を設立し，宗教法人法第52条の規定に基づき，設立登記を完了いたしましたので，宗教法人法第9条の規定により，登記簿謄本を添えてお届けします。

③ 機　　関

1　概　　要

　宗教法人を代表し，その事務を総理する者が，代表役員です。代表役員は，必要常置の執行機関であり，通常責任役員の互選によって一人が選ばれます。
　責任役員も必要常置の機関であり，宗教法人の事務を決定する意思決定機関です。責任役員は，必ずしも宗教法人の機関としての定めは有りませんが，通常，責任役員会を組織し，会議を開いて意見を述べ，意思調整を図り，事務を決定していきます。
　宗教法人の役員が何らかの理由で欠けたり，長期間に亘って職務遂行が不能の場合に置かれる代行機関を代務者といいます。代務者には，代表役員代務者と責任役員代務者の2つがあります。
　次に，代表役員や責任役員と宗教法人との利害が対立して，利益が相反する事項についての決定について，代表役員や責任役員に代わって選任される場合があり，これが仮代表役員又は仮責任役員と呼ばれています。当該機関は，一時的・臨時的な機関といえます。
　最後に，監査機関として監事を置くか否かは，宗教法人の自主性に委ねられており，任意となっています。

2　代表役員

(1)　地位と資格

　代表役員とは，宗教法人を代表し，その事務を総理する必要常置の機関です。
　代表役員は，中枢の機関であり，登記事項にもなっており，代表役員と宗教法人との法律関係は，民法上の委任等に類する関係と考えられており，代表役員を通して行なわれた行為は，その権限の範囲内の行為は宗教法人に帰属し，

逆に第三者に損害を与えれば，宗教法人は損害賠償責任を負うこともあります。

次に，宗教法人法が定めている代表役員の資格として次のものがあります。

① 以下の役員の欠格条項に該当しないこと（責任役員，代務者，仮代表役員，仮責任役員も同様）

　　㋑　未成年者

　　㋺　成年被後見人又は被保佐人

　　㋩　禁錮以上の刑に処せられ，その執行を終わるまで又は執行を受けることがなくなるまでの者

② 責任役員のうちの1人であること

また，寺院に多いのですが，代表役員も世襲制にしているところがあり，公益性の高い宗教法人としてはあまり好ましいことではありませんが，やむを得ないこととして容認されています。

(2) 職務権限

代表役員の職務権限は，対内的には宗教法人の事務を総理し，対外的には宗教法人の行為を代表することです。

代表役員の権限の範囲は，宗教法人として目的を達成するために必要な一切の事務に及び，次のようにたいへん大きな権限が与えられています。

① 規則変更，合併，任意解散の認証申請

② 財産処分等及び公告

③ 公益事業その他の事業の実施

④ 財産目録等の作成及び備付け

⑤ 各種登記申請

⑥ 登記届出

⑦ 清算人への就任

⑧ 破産宣告申請

なお，一定の事項については，責任役員会の議決や諮問機関の議決が必要です。

(3) 任期等

代表役員の任期は，宗教法人法上，特に制限はなく，各宗教法人の実情にあった適切な期間を定めることになります。

また，①代表役員の任期満了，②欠格条項に該当，③代表役員の死亡，④宗教法人の解散といったことは，代表役員の退任事由となります。

(4) 罰則

代表役員（代務者，仮代表役員，清算人も同様）が，次のような行為をしたときは，罰則が課せられます。

① 所轄庁に対して不実の記載をした書類を添えて認証申請をしたとき
② 登記に関する届出などを怠り，又は不実の届出をしたとき
③ 宗教法人法第23条の規定に違反して公告をしないで同条各号の行為をしたとき
④ 宗教法人法第25条第1項若しくは第2項の規定に違反して書類若しくは帳簿の作成若しくは備付けを怠り，又は不実の記載をしたとき
⑤ 宗教法人法第25条第4項の規定による書類の提出を怠ったとき
⑥ 破産宣告の請求を怠ったとき
⑦ 清算手続における債権申出の公告又は破産宣告の請求をなした旨の公告を怠り，又は不正の公告をしたとき
⑧ 解散又は清算に関する裁判所の検査を妨げたとき
⑨ 登記を怠り，又は不実の登記をしたとき
⑩ 公益事業以外の事業の停止命令に違反して事業を行なったとき
⑪ 宗教法人法第78条の2第1項の規定による報告をせず，若しくは虚偽の報告をし，又は同項の規定による当該職員の質問に対して答弁せず，若しくは虚偽の答弁をしたとき

3 責任役員

(1) 地位と資格

　責任役員とは，宗教法人の管理運営機関の1つで，必要常置機関であり，宗教法人の事務に関し審議をする意思決定機関です。

　宗教法人法上，1つの宗教法人には3人以上の責任役員を置くものとされており，規則に特に定めがなければ，宗教法人の事務は責任役員の定数の過半数で決定され，代表役員もこの責任役員の意思決定に基づいて，事務を執行することになります。

　責任役員の資格については，代表役員と同様ですが，宗教法人の公正な運営のためにも，一定の範囲の親族が一定割合を超えない配慮が大切です。

　具体的には，規則上「3人以上5人以内」など幅を持たせることも考えられますが，行政上はなるべく確定数で規定させるように指導しています。

(2) 職務権限

　宗教法人法上必ずしも定めはありませんが，責任役員は，責任役員会を組織し，そこで意見交換，意思調整を図り，意思決定をしていくことが基本的在り方とされています。

　責任役員会の招集は，特別の定めがなければ，代表役員が行なうこととされています。これは，宗教法人も大小さまざまなものがあることから，その実情に配慮したものです。

　そこで，責任役員と責任役員会との職務権限とは，同義であり，次のようなものがあります。

① 予算編成
② 決算承認
③ 歳計剰余金の処置
④ 特別財産及び基本財産の設定及び変更
⑤ 不動産及び重要な動産に係る取得，処分，担保提供，その他重要な行為

⑥　主要な境内建物の新築，改築，増築，移築，模様替え及び用途変更等
⑦　境内地の模様替え及び用途変更等
⑧　借入及び保証
⑨　事業の管理運営
⑩　規則の変更並びに細則の制定及び改廃
⑪　合併並びに解散及び残余財産の処分
⑫　その他宗教法人の事務のうち，重要な事項

(3) 選　任　等

責任役員の選任については，代表役員のそれと異なり特に規定がないため，各宗教法人ごとに規則に定めておく必要があります。

責任役員の解任については，代表役員と同様です。

4　代　務　者

(1) 地位と職務権限

代務者とは，宗教法人の役員が欠けた場合などに置かれる代行機関のことで，これには代表役員代務者と責任役員代務者の2つがあります。

宗教法人法上，代務者の置かれるケースとして，次の2つの場合が想定されています。

① 代表役員又は責任役員が死亡その他の事由により欠けた場合
② 代表役員又は責任役員が病気などの事由により3カ月以上その職務をできない場合

また，代務者の職務権限は，特に規則に制限規定が定められていなければ，役員と同様と考えられます。

(2) 選　任　等

代務者の任免は，各宗教法人ごとに規則に定められます。

また，代務者は臨時的機関のため，存置理由がなくなれば，当然退任するこ

とになります。

5　仮代表役員・仮責任役員

(1) 地位

　仮代表役員とは，代表役員と宗教法人との利益が相反する事項に関する行為がされる場合に，当該代表役員に代わって選任された者をいいます。

　この利益相反事項には，例えば次のようなものがあります。
① 　宗教法人と代表役員相互間の財産の有償譲渡
② 　代表役員が宗教法人から金銭の貸付けを受けること
③ 　代表役員個人の債務に対する宗教法人の財産の担保提供
④ 　代表役員の個人事業への宗教法人の財産の無償利用

　一方，仮責任役員とは，宗教法人と責任役員との間で特別の利害関係がある事項の議決について，当該責任役員の議決権行使が制限され，それによって責任役員会の運営に支障をきたす場合に，当該責任役員に代わって選任された者をいいます。

　ここで，特別の利害関係がある事項とは，利益相反事項を含むより広い概念であり，例えば次のような事項も含まれます。
① 　当該責任役員の解任に関する事項
② 　宗教法人と責任役員との間の訴訟遂行に関する事項
③ 　特定の責任役員が，宗教法人職員として受ける報酬等に関する事項

(2) 職務権限

　仮代表役員は，利益相反事項に関して宗教法人を代表して事務処理をする権限を持ち，仮代表役員は，特別の利害関係がある事項について，当該責任役員に代わってその職務を行なう権限を持っています。

　また，利益相反事項に関して，仮代表役員を選任せず，当該代表役員がした行為の効力については，権限外の行為ですら無効となると思われますが，後で責任役員会等で追認すれば有効となるでしょう。

なお、当該違反行為をした代表役員については、損害賠償責任などを負うことになるでしょう。

(3) 退　　任

仮代表役員にしろ、仮責任役員にしろ、当該権限事項に関する処理が終了すれば、任務も終了し、当然に退任することになります。

6　監査機関

(1) 地位と資格

宗教法人の監査機関は、これまで述べてきた機関と異なり、その設置が宗教法人の自主性に任ねられている点で任意機関と呼ばれています。

ここで、監査機関とは、宗教法人の事務執行を監督する機関のことをいいます。

よって、監査機関の資格としては、中立性が要求され、代表役員等と親族関係や特別の利害関係がないことなどが要求され、できれば公認会計士等の外部の専門家に委託することが好ましいと思われます。

(2) 職務権限

監査機関の職務権限は、宗教法人の事務執行を監督することですが、具体的には次の2つのことをいいます。

① 宗教法人の財産及び収支の状況の監査（会計監査）
② 事務執行状況の監査（事務監査）

4　事務運営

1　備付書類・帳簿

　宗教法人法第25条第2項において，宗教法人の事務所には，次の書類や帳簿を常に備付けなければならないこととされています。
① 　規則及び認証書
② 　役員名簿
③ 　財産目録及び収支計算書並びに貸借対照表を作成している場合には貸借対照表
④ 　境内建物（財産目録に記載されているものを除く）に関する書類
⑤ 　責任役員その他規則で定める機関の議事に関する書類
⑥ 　事務処理簿
⑦ 　公益事業又は公益事業以外の事業を行なう場合には，その事業に関する書類

　ここで，④の書類とは，財産目録に記載されていない賃貸借や使用貸借で使用されている本堂や庫裡などの境内建物に関する書類です。
　⑦の書類は，例えば収益事業として賃貸マンション経営を行なっているような場合に作成する書類です。
　なお，宗教法人法上は規定はありませんが，①規則の施行細則，②登記簿謄本，③信者名簿も備付けておいた方がよいでしょう。

　役員名簿の例
　記入上の全般的注意
　1　氏名欄は，戸籍上の姓名を記入し，ひらがなでふりがなをつける。
　2　住所欄は，住民登録をしてある住所を記入する。
　3　就任年月日は，規則の定めにより選定され，その受諾をした日を記入する。

Ⅰ 宗教法人

4 退任年月日は，死亡の日，辞任した日，解任の日（通知が到着した日）等を記入する。
5 包括団体への届出等については，その年月日等を備考欄に記入する。
6 退任者は赤複線で抹消する。

1．代表役員名簿　　　（任期　在職在任中―終身）

歴代	資格	ふりがな 氏名	生年月日	住所	就任年月日 退任年月日	登記年月日 登記年月日	所轄庁届出年月日 所轄庁届出年月日	備考
1	代表役員	まつもとのぶゆき 松本信行 （明芳）	明31.6.10	○○区○○町△-△	昭28.1.28 昭47.6.2	昭28.2.3 昭47.6.11	昭28.2.16 昭47.6.25	住職（昭和13年就任）死亡 死亡
2	代表役員	おおかわよしお 大川良雄 （聖顕）	昭10.6.1	○○区○○町△-△	昭47.7.10	昭47.7.21	昭47.8.6	住職
	仮代表役員	たなかひであき 田中秀明	昭15.1.4	○○区○○町△-△	昭54.8.7 昭54.8.11			不動産売却
	代表役員代務者	こんどうのりまさ 近藤憲正	昭6.10.1	○○区○○町△-△	平5.9.1 平6.2.10	平5.9.12 平6.2.17	平5.9.25 平6.2.25	海外長期旅行

記入上の注意

1 資格欄は，代表役員，代表役員代務者，仮代表役員の区別を記入する。なお，官司，住職，教会長など他に占める職については，備考欄に記入する。
2 氏名欄は，戸籍上の姓名を記入し，ふりがなをつける。僧名がある場合は（　）書きで付記し，ふりがなをつける。
3 住所欄は，住民登録をしてある現住所を記入する。
4 就任年月日は，規則の定めにより選定され，その受諾をした日を記入する。
5 退任年月日は，死亡の日，辞任した日，解任の日（通知のあった日）等を記入する。
6 包括団体への届出等については，その年月日等を備考欄に記入する。
7 退任者は赤複線で抹消する。
8 任期は，規則の定めるところにより記入する。
9 補欠として就任したときは，その旨を備考欄に記入する。
10 代表役員が変更（重任）した場合は，登記後その抄本によって退任の欄に記入し，

備考欄にその理由を記入し，必ず行を改めて氏名，就任年月日，登記年月日等を記入する。

11　登記は，変更があれば２週間以内に行い，登記完了後直ちにその謄本又は抄本を添えて，その旨を所轄庁に届け出るとともに，その年月日を記入する。(仮代表役員は登記は不要である。)

出典：『宗教法人の事務』文化庁（ぎょうせい）

２．責任役員名簿　　　　(任期５年)

資格	ふりがな 氏名	生年月日	住所	就任年月日 退任年月日	就任年月日 退任年月日	就任年月日 退任年月日	就任年月日 退任年月日	備考	
責任役員	まつだかずきよ 松田和清	明36.7.5	○○区○○町△-△	昭49.9.18 昭54.9.18	昭54.9.18 昭59.9.18	昭59.9.18 昭63.4.11（死亡）		総代	朱線
責任役員	さとうひとみ 佐藤仁美（友禅）	大5.3.22	○○区○○△町△-△	昭49.9.18 昭54.9.18	昭54.9.18 昭59.9.18	昭59.9.18 平元.9.18	平元.9.18	法類	
責任役員	たかぎかつみ 高木克巳	昭2.11.9	○○区○○町△-△	昭49.9.18 昭54.9.18	昭54.9.18 昭59.9.18	昭59.9.18 昭60.3.10（辞任）		総代	朱線
責任役員	もちづきいちろう 望月一郎	昭5.10.1	○○区○○△町△-△	昭60.4.16 平2.4.16	昭47.6.2			総代	
責任役員 代務者	あさいみねお 浅井峯雄	大6.3.15	○○区○○△町△-△	昭62.7.11 昭63.2.5				佐藤仁美 病気	朱線
責任役員	はらだたもつ 原田 正	大7.11.7	○○区○○町△-△	昭63.6.1				総代	

記入上の注意

1　「責任役員名簿」には代表役員以外の責任役員について記載する。

2　資格欄は，責任役員，責任役員代務者，仮責任役員の区別を記入する。なお，総代，信徒，干与人，法類などの区別について，備考欄に記入する。

出典：『宗教法人の事務』文化庁（ぎょうせい）

Ⅰ 宗教法人

事務処理簿の例

1. 処 務 目 誌

年月日	事 務 区 分	処 理 事 項	備 考
平8.10.1	責任役員会開催の件	開催通知送付	文書処理簿A－3頁
12.1	規則変更認証申請の件	県知事宛，規則変更認証申請書提出	文書処理簿B－5頁
平9.1.10	登記届出の件	規則変更事項の登記を申請，同時に抄本交付申請書提出	文書処理簿C－8頁

記入上の注意
1 法人の事務処理事項を処理順に記入する。
2 備考欄には，関係帳簿の種類及び頁数などを記入する。

2. 文 書 処 理 簿

整理番号	種別	文書記号番号	発信・受信年月日	発信者・受信者	摘　要	備考	担当者印
1	受信	総発宗第8号	平8.10.1	千葉県知事	規則変更認証書	受50号綴15頁	㊞

2 公　　告

(1) 目　　的

　公告制度は，認証制度及び責任役員制度と並んで，宗教法人法において特徴となっているものです。

　公告の目的とするところは，信者等に対して法人運営の実態を明らかにし，了知せしめることにあるため，信者等から，公告の趣旨に異議申出があれば，素早く適切な対応が必要となります。

(2) 公告方法

　一般に公告の方法は，新聞紙上又は当該宗教法人の機関紙に掲載，当該宗教法人の事務所の掲示場に掲示し，その他信者等に周知させるのに適当な方法でします。

すなわち，公告の方法は，当該宗教法人の規模，地域，形態などに従って，その効果が最も出やすい方法により，例えば新聞紙などによる掲載方法をとる場合，日数を定めておく必要があります。
　また，公告の時期については，宗教法人法において，「二月前」とか「一月前」とか定められておりますので，十分注意が必要です。

　　(3)　公告が必要な場合
　宗教法人法上，公告が必要な場合は，次頁の表のとおりです。
　なお，認証の申請とは，公告をしたことを証する書類を添付しなければなりませんが，公告を怠れば，所轄庁は，受理せず認証に至らないことになります。
　また，公告をしなかったり，公告に違反してなされた財産の処分等の行為の効力は，無効となります。

借入れの公告（例）

借入れについての公告

　宗教法人日本定借教規則第21条に定める手続を経て，下記のとおり，借入れをすることになりましたので，宗教法人法第23条の規定によって公告します。
　平成〇年4月1日
　信者その他利害関係人各位

　　　　　　　　　　　　　　千葉県船橋市松が丘1丁目35番1号
　　　　　　　　　　　　　　　　宗教法人　日本定借教
　　　　　　　　　　　　　　　　代表役員　実藤秀志　㊞

記

1　借入金額：金1億円也
2　借入目的：定期借地権普及事業のための運転資金
3　借入条件：利率年4％，20年間の均等返済
4　借入年月日：平成〇年3月10日
5　借入相手先：小飯塚貞子（公認会計士）

I 宗教法人

場合	公告事項	公告対象	据置期間	公告者
設立	① 規則案の要旨 ② 設立しようとする旨	信者等	1カ月	設立代表者
財産処分 担保提供	① 処分物件,価格,相手先 ② 処分目的,処分方法など当該行為をする旨	同 上	同 上	代表役員 (単位法人のみ)
借入・保証	① 借入金額・保証債務額 ② 借入目的・保証理由 ③ 借入条件・保証条件など	同 上	同 上	同 上
境内建物 の新築等	① 新築等をする建物の名称,建坪,理由など ② 当該行為をしようとする旨	同 上	同 上	同 上
境内地内の 著しい模様替	① 模様替の理由,面積,経費など ② 当該行為をしようとする旨	同 上	同 上	同 上
境内建物,境内地の用途変更	① 用途変更の概要,理由,経費など ② 当該行為をしようとする旨	同 上	同 上	同 上
規則変更 (一定の場合のみ)	① 規則変更案の要旨 ② 当該行為をしようとする旨	同 上	2カ月	代表役員
吸収合併	当該行為をしようとする旨 1) 合併契約案の要旨	同 上	同 上	同 上
	2) 催告に関する事項	債権者	同 上	同 上
新設合併	① 当該行為をしようとする旨 ② 新設法人の規則案 ③ 上記吸収合併の1)及び2)の事項	信者等	同 上	各宗教法人 からの規則 作成者
被包括関係の設定・廃止を伴う合併	① 吸収合併の場合…上記規則変更と吸収合併の公告 ② 新設合併の場合…上記規則変更と吸収合併の公告			
解散	解散する旨	信者等	2カ月	代表役員

3 規則変更

(1) 変更手続

　宗教法人における規則は，宗教法人の業務運営の拠り所となるものですが，それが実態に合わなくなったりした場合は，以下のステップによる変更手続が必要となります。

　　第1ステップ…宗教法人内部の変更手続（責任役員会の議決等）
　　第2ステップ…所轄庁と規則変更の認証申請
　　第3ステップ…認証後，登記所で変更登記
　　第4ステップ…登記終了後，所轄庁に届出

　ここで，規則変更の認証申請に必要な書類と所轄庁の認証審査事項は，次の表のとおりです。

必　要　書　類	審　査　事　項
① 規則変更認証申請書 ② 変更しようとする事項を示す書類2通（登記事項であるときは3通） ③ 規則で定められた手続を経たことを証する書類（責任役員会の議事録等）	① 変更事項の宗教法人法などの規定への適合性 ② 変更手続の宗教法人法第26条への準拠性

　また，規則変更の際には，次の点の検討が必要かと思われます。

① 宗教法人法などの法令の規定に違反していないか
② 規則の内容と矛盾していないか
③ 規則を変更しようとする宗教法人に，包括する法人や団体がある場合，その包括法人や団体の規則などに違反していないか
④ 変更する事項が遵守可能なものであるか

　なお，規則変更の効力発生は，所轄庁の認証書到達時からです。

Ⅰ　宗教法人

規則変更認証申請書の例

平成○年8月1日

千葉県知事　殿

千葉県船橋市松が丘1丁目35番1号
宗 教 法 人 日 本 定 借 教
代表役員　実　藤　秀　志　㊞

規則変更認証申請書

　宗教法人日本定借教規則を変更したいので，宗教法人法第27条の規定により，変更しようとする事項を示す書類2通（又は3通）に下記関係書類を添えて，規則変更の認証を申請します。

記

1　規則変更の決定について，規則で定める手続を経たことを証する書類
　(1)　責任役員会議事録（写し）
　(2)　その他の機関の同意書（写し）
　(3)　包括団体の承認書（写し）
2　施設に関する書類
3　宗教法人法第26条第2項の規定による公告をしたこと及び同条第3項の規定による承認を受け又は通知をしたことを証する書類
　(1)　公告証明書
　(2)　通知書（写し）
　(3)　承認書（写し）
4　事業に関する書類（事業説明書）

変更しようとする事項を示す書類の例

例1

宗教法人日本定借教規則変更事項（新旧対照表）	
新	旧
第5条　この法人には，3人以上5人以内の責任役員を置き，そのうち1人を代表役員とする。	第5条　この法人には，3人の責任役員を置き，そのうち1人を代表役員とする。

例2

第5条中「3人」を「3人以上5人以内」に改める。

責任役員会議事録の例

第3回責任役員会議事録

1　日　　時　平成○年6月1日
2　場　　所　事務所会議室
3　出席者　　代表役員　実藤秀志
　　　　　　　責任役員　伊藤　章
　　　　　　　責任役員　佐藤清次
　　　　　　　責任役員　遠藤和弘
4　議題
　(1) 宗教法人日本定借教規則の一部変更について
5　議事の経過
　代表役員実藤秀志が議長となり，出席者を確認，開会を宣す。代表役員から実態に合わなくなったことを理由に規則を変更した旨を説明し，第5条中「3人」とあるのを「3人以上5人以内」に変更することが提案され，全員一致で可決された。
　上記のとおり相違ないことを証する。
　平成○年8月1日

　　　　　　　　　　　　　　　　代表役員　実　藤　秀　志　㊞
　　　　　　　　　　　　　　　　責任役員　伊　藤　　　章　㊞
　　　　　　　　　　　　　　　　　　同　　佐　藤　清　次　㊞
　　　　　　　　　　　　　　　　　　同　　遠　藤　和　弘　㊞

　上記は，原本と相違ないことを証明します。
　平成○年8月1日

　　　　　　　　　　　　　　　　宗 教 法 人 日 本 定 借 教
　　　　　　　　　　　　　　　　代表役員　実　藤　秀　志　㊞

(2) 特　　　例

㋑　被包括関係の設定又は廃止に係る規則の変更

　宗教法人にそれを包括する宗教団体（法人）がある場合には，被包括宗教法人の規則には，その包括する宗教団体の名称及び宗教法人，非宗教法人の別を必ず規定することになっています。

　そこで，被包括関係を設定又は廃止する場合には，次の規則変更手続が必要となります。

① 　規則で定められた規則変更に必要な機関の議決・承認

② 信者等に対し規則で定められた公告
③ 設定の場合，被包括関係を設定しようとする宗教団体の承認
　廃止の場合には，廃止しようとする宗教団体へのその旨の通知
④ 公告期間終了後2カ月経過後の認証申請書の提出（公告証明書などと一緒に）
⑤ 認証後の所轄庁への届出

設定・廃止公告の例

被包括関係設定・廃止公告

　このたび，下記（別紙）のとおり，宗教法人ぬくもりの会との被包括関係を廃止して，宗教法人定借推進の会との被包括関係を設定することになりましたので，宗教法人法第26条第2項の規定によって公告します。
　　　平成〇年9月1日
　　　信者その他利害関係人各位

　　　　　　　　　　　　　　　　　　　千葉県船橋市松が丘1丁目35番1号
　　　　　　　　　　　　　　　　　　　宗 教 法 人 日 本 定 借 教
　　　　　　　　　　　　　　　　　　　代表役員　実 藤 秀 志　㊞
　　　　　　　　　　　　　　　　記

規則変更案の要旨

公告証明書の例

公 告 証 明 書

　宗教法人ぬくもりの会との被包括関係を廃止して，宗教法人定借推進の会と被包括関係を設定するため，宗教法人法第26条第2項の規定により，下記のとおり公告します。
　　　　　　　　　　　　　　　　記
1　公告の方法
　　平成〇年8月1日発行の機関紙「日本定借新聞」に掲載した。
2　公告文
　　別紙のとおり
　　平成〇年9月30日

　　　　　　　　　　　　　　　　　　　宗 教 法 人 日 本 定 借 教
　　　　　　　　　　　　　　　　　　　代表役員　実 藤 秀 志　㊞

上記の事実を確認したことを証明します。
平成○年9月30日

東京都世田谷区成城1丁目1番1号
峯　千香子　㊞

廃止通知書の例

通　知　書

平成○年10月1日

宗教法人ぬくもりの会
　　代表役員　高　橋　　　昇　殿

千葉県船橋市松が丘1丁目35番1号
宗 教 法 人 日 本 定 借 教
代表役員　実　藤　秀　志　㊞

被包括関係の廃止について（通知）

　このたび，貴宗教法人との被包括関係を廃止することになりましたので，宗教法人法第26条第3項の規定によって通知します。
　上記は，原本と相違ないことを証明します。
　平成○年10月1日

宗 教 法 人 日 本 定 借 教
代表役員　実　藤　秀　志　㊞

㋺　合併による規則の変更

　吸収合併の場合において，存続する宗教法人の規則変更の必要が生じたときには，通常の規則変更手続のみならず，全体として合併の手続によることが必要です。

㋩　住居表示の実施に伴う規則の変更

　住居表示に関する法律による住居表示の実施による所在地の住所変更があった場合には，前述の認証変更手続は不要で，①当該宗教法人の規則変更，②住居表示変更の旨の市町村長の証明書を付して変更登記申請，③登記後，所轄庁へ届出をすることになっています。

4 登　　　記

　宗教法人においても，宗教法人自体の存在や財産関係の状況等を，一般に公開し公示すること，すなわち登記が必要な場合があります。

　宗教法人の登記には，法人登記と不動産登記の２つがあります。

　法人登記は，宗教法人の事務所の所在地を管轄する登記所で，不動産登記は，不動産の所在地を管轄する登記所でそれぞれ行ないます。

　まず法人登記についてですが，その概要は次頁の表のとおりです。

名　　称	期　間　と　場　所	添　付　書　類
設立の登記	① 主たる事務所の所在地…認証交付後2週間以内 ② 従たる事務所の所在地…主たる事務所の登記後2週間以内	① 所轄庁の証明のある認証を受けた規則の謄本 ② 代表権を有する者の資格を証する書類
従たる事務所の新設登記	① 主たる事務所の所在地…2週間以内 ② 従たる事務所及びその他の従たる事務所の所在地…3週間以内	① 登記の事由を証する書類
事務所移転の登記	① 主たる事務所を移転したときの主たる事務所の新旧所在地…2週間以内 　　従たる事務所の所在地…3週間以内 ② 従たる事務所を移転したときの主たる事務所の所在地…2週間以内 　　従たる事務所の旧所在地…3週間以内 　　新所在地…4週間以内	① 登記の事由を証する書類
変更の登記	① 主たる事務所の所在地…2週間以内 ② 従たる事務所の所在地…3週間以内	① 登記の事由を証する書類
合併の登記	① 主たる事務所の所在地…合併認証書の交付後2週間以内 ② 従たる事務所の所在地…合併認証書の交付後3週間以内	① 吸収合併…変更の登記と同様 　　新設合併…設立の登記と同様 ② 債権者に対して公告及び催告をしたことを証する書類 ③ 異議を述べた債権者があるときは，これに弁済し若しくは担保に供し，または信託したことを証する書類 ④ 解散法人の登記簿謄本
解散の登記	① 主たる事務所の所在地…解散に関する認証書交付日又は解散事由発生日から2週間以内 ② 従たる事務所の所在地…解散に関する認証書交付日又は解散事由発生日から3週間以内	① 解散の事由を証する書類
清算結了の登記	① 主たる事務所の所在地…清算結了日より2週間以内 ② 従たる事務所の所在地…清算結了日より3週間以内	－
礼拝用建物及び敷地の登記	任意申請	① 礼拝の用に供する建物又はその敷地である旨を証する書類

次に，不動産登記を行なうには，次の書類が必要です。
① 申請書
② 登記原因を証する書面
③ 登記義務者の権利に関する登記済証
④ 登記原因につき第三者の許可，同意又は承諾を要するときはこれを証する書面
⑤ 代理人によって登記申請するときはその権限を証する書面

なお，次の場合には，登記後遅滞なく，登記簿謄本を添えて，その旨を所轄庁に届け出なければなりません。
① 所轄庁の規則認証後，宗教法人の登記をしたとき
② 代表者の変更など所轄庁の認証にかかわらず登記事項について変更の登記をしたとき
③ 破産以外の法定解散による解散の登記をしたとき
④ 礼拝用建物及び敷地の登記をしたとき

規則変更の届出の例

```
                                              平成〇年4月1日
千葉県知事  殿
                              千葉県船橋市松が丘1丁目35番1号
                              宗 教 法 人 日 本 定 借 教
                              代表役員  実 藤 秀 志  ㊞
  このたび，規則を変更し，宗教法人法第55条の規定による登記をしましたので，
同法第9条の規定により，登記簿謄本を添えてお届けします。
```

⑤ 合併・解散

1 合　　併

（1）意　　義

　合併とは，2つ以上の宗教法人が1つの宗教法人になることをいいます（任意団体と宗教法人とが1つになる場合を除く）。

　合併には，合併する宗教法人の一方が存続し他方がこれに併合される場合と，両宗教法人が消滅して新たに別の宗教法人を創設する場合とがあります。前者を吸収合併，後者を新設合併といいます。

　なお，吸収合併の場合には，合併後存続する宗教法人以外の宗教法人は，すべて解散することになります。

（2）手　　続

　吸収合併，新設合併ともまず次の手続を実施しなければなりません。
① 規則で定める合併手続の実施（総代会や責任役員会の議決など）
② 合併しようとする旨の公告
③ 財産目録及び貸借対照表の作成
④ 債権者に対する公告と催告
⑤ 合併により被包括関係の設定又は廃止をする場合の手続の実施

　次に，吸収合併に伴い，存続する宗教法人の規則を変更する場合には，その存続する宗教法人の規則で定める変更手続を経て，所轄庁へ合併認証申請を含め認証申請します。

　新設合併の場合には，信者等に規則の案を示し，合併の旨の公告をしなければなりません。

I　宗教法人

債権者に対する合併公告の例

```
　　　　　　　　　　合　併　公　告
　このたび東京都荒川区西尾久１丁目１番１号宗教法人定借推進の会を吸収合併す
ることになりました。
　これについて異義がある債権者は，平成○年12月31日までに，その旨を申し述べ
てください。
　宗教法人法第34条第３項の規定によって公告します。
　平成○年11月１日
　　債権者各位
　　　　　　　　　　　　　　　　　　　　千葉県船橋市松が丘１丁目35番１号
　　　　　　　　　　　　　　　　　　　　宗　教　法　人　日　本　定　借　教
　　　　　　　　　　　　　　　　　　　　代　表　役　員　実　藤　秀　志　㊞
```

(3)　認 証 申 請

合併手続後は，次の表の書類を添付して，所轄庁の合併の認証申請をします。

添　付　書　類	場　合		新設合併
	吸収合併で規則変更必要	吸収合併で左記以外	
認証申請書	○	○	○
規則の変更をしようとする事項を示す書類（２通）	○		
規則（２通）			○
合併の決定について規則で定める手続等を経たことを証する書類	○	○	○
合併する旨を公告したことを証する書類	○	○	○
財産目録及び事業の貸借対照表	○	○	○
債権者に対する公告及び催告をしたことを証する書類	○	○	○
債権者のため弁済，担保提供，財産の信託をしたことを証する書類	○	○	○
合併に伴う規則の変更のための手続を経たことを証する書類	○		
合併によって設立する宗教法人の規則を作成したことを証する書類			○
合併によって設立する団体が宗教団体であることを証する書類			○
合併により宗教法人を設立する旨の規則案の要旨を示して公告したことを証する書類			○

吸収合併認証申請書の例

平成〇年1月11日

千葉県知事　殿

千葉県船橋市松が丘1丁目35番1号
宗 教 法 人 日 本 定 借 教
代表役員　実 藤 秀 志　㊞
東京都荒川区西尾久1丁目1番1号
宗 教 法 人 定 借 推 進 の 会
代表役員　砂 川 リ ェ　㊞

合 併 認 証 申 請 書

　宗教法人日本定借教と宗教法人定借推進の会との合併（日本定借教が存続）をしたいので，宗教法人法第38条の規定により，下記関係書類を添えて，合併の認証申請をいたします。

記

1　合併の決定について規則で定める手続を経たことを証する書類
　(1)　責任役員会議事録（写し）
　(2)　その他の機関の議事録又は同意書（写し）
　(3)　包括宗教団体の承認書（写し）
2　宗教法人法第34条第1項の規定による公告をしたことを証する書類（公告証明書）
3　宗教法人法第34条第2項の規定による手続を経たことを証する書類（証明書）
4　宗教法人法第34条第3項の規定による公告及び催告をしたことを証する書類
　(1)　公告証明書
　(2)　催告証明書
5　宗教法人法第34条第4項の規定による手続を経たことを証する書類（証明書）
6　宗教法人法第35条第1項の規定による手続を経たことを証する書類
　(1)　責任役員会議事録（写し）
　(2)　その他の機関の議事録又は同意書（写し）
　(3)　包括宗教団体の承認書（写し）
7　宗教法人法第36条において準用する宗教法人法第26条第2項の規定による公告をしたこと，及び同条第3項の規定による承認をうけ又は通知をしたことを証する書類
　(1)　公告証明書
　(2)　承認書（写し）
　(3)　通知書（写し）

(4) 認証と登記

認証申請後,所轄庁は,形式的な書類の審査の後,次の事項に関する実質的な審査を行ない,認証又は不認証の決定をします。

① 合併の手続が宗教法人法や規則に従ってなされたか
② 吸収合併により存続する宗教法人が規則を変更しようとする場合の事項,新設宗教法人の規則が,宗教法人法などに適合しているか
③ 新設合併により成立する団体が,宗教法人法第2条に定める宗教団体であるか

そして,合併に関する認証書が交付されますと,その受領日から,主たる事務所の所在地においては2週間以内,従たる事務所においては3週間以内に登記しなければなりません。

登記が完了しますと,登記簿謄本を添えてその旨を所轄庁に届出ることになります。

吸収合併の届出の例

平成〇年4月1日

千葉県知事　殿

　　　　　　　　　　　千葉県船橋市松が丘1丁目35番1号
　　　　　　　　　　　宗 教 法 人 日 本 定 借 教
　　　　　　　　　　　　代表役員　実 藤 秀 志　㊞

宗 教 法 人 合 併 届

　このたび宗教法人定借推進の会を宗教法人日本定借教に合併し,宗教法人法第57条の規定により変更の登記をしましたので,同法第9条の規定により,登記簿謄本を添えてお届けいたします。

2 解　　散

(1) 意　　義

　宗教法人の解散とは，その目的である宗教活動を停止し，財産関係の整理段階に入ることをいい，この整理事務を清算といいます。

　解散をしてもこの清算段階では，清算法人として，財産関係の整理の目的の範囲内ではその法人格は存続しており，清算結了時点で法人格を失うことになります。

　もっとも宗教法人が解散したとしても，宗教団体は消滅しないとする見解もあり，いずれにしても従前の構成員等によって宗教活動を行なうことは，憲法上も信教の自由として保障されており自由です。

　次に，宗教法人の解散の種類ですが，これには，宗教法人自身の意思で解散する任意解散と，次の一定事由に該当することとなることによって解散する法定解散とがあります。

① 　規則で定める解散事由の発生
② 　合併（合併後存続する宗教法人における当該合併は除く）
③ 　破産
④ 　所轄庁の認証取消
⑤ 　裁判所の解散命令
⑥ 　包括宗教法人にあっては，その包括宗教団体の欠亡

　ここで，裁判所の解散命令は，宗教法人法第81条によれば次の事由に該当する場合において，所轄庁，利害関係人，検察官の請求又は職権によって行なわれます。

① 　法令に違反し，著しく公共の福祉を害すると明らかに認められる行為をしたこと
② 　宗教法人法第2条に規定する宗教団体の目的を著しく逸脱した行為をしたこと又は1年以上にわたってその目的のための行為をしないこと
③ 　当該宗教法人が宗教法人法第2条第1号に掲げる礼拝施設を備えること

を要件とされている宗教団体である場合に,礼拝の施設が滅失し,やむを得ない事由がないのにその滅失後2年以上にわたってその施設を備えないこと
④　1年以上にわたって代表役員及びその代務者を欠いていること
⑤　設立や合併に係る認証に関する認証書交付日から1年を経過している場合において,宗教法人法第2条に規定する宗教団体でないことが判明したこと

(2) 手　　続

任意解散の手続は,次のステップにより行なわれます。

第1ステップ…責任役員会の議決等
第2ステップ…解散公告
第3ステップ…解散認証申請
第4ステップ…所轄庁の書類審査と解散認証
第5ステップ…解散認証書及び同謄本の交付
第6ステップ…解散登記及び清算人就任登記,解散届の提出
第7ステップ…清算結了登記と清算結了届の提出

解散公告の例

解　散　公　告

　このたび,当宗教法人の宗教活動を終了したいことを理由に,当宗教法人は解散することになりました。
　これについて意見のある方は,平成〇年3月1日までに,意見を申し述べてください。
　宗教法人法第44条第2項の規定によって公告します。
　　平成〇年2月1日
信者その他利害関係人各位

千葉県船橋市松が丘1丁目35番1号
宗 教 法 人 日 本 定 借 教
代表役員　実　藤　秀　志　㊞

解散認証申請書の例

　　　　　　　　　　　　　　　　　　　　　　　　　平成○年3月31日
　千葉県知事　殿
　　　　　　　　　　　　　　　千葉県船橋市松が丘1丁目35番1号
　　　　　　　　　　　　　　　宗 教 法 人 日 本 定 借 教
　　　　　　　　　　　　　　　代表役員　実　藤　秀　志　㊞
　　　　　　　　　解 散 認 証 申 請 書
　宗教法人法第43条第1項の規定による解散をしたいので，同法第45条の規定により，下記関係書類を添えて，解散の認証を申請します。
　　　　　　　　　　　　　記
1　解散の決定について規則で定める手続を経たことを証する書類
　(1)　責任役員会議事録（写し）
　(2)　その他の機関の同意書（写し）
　(3)　包括宗教団体の承認書（写し）
2　宗教法人法第44条第2項の規定による公告をしたことを証する書類
　(1)　公告証明書
　(2)　解散に対する意見を申し述べなかった旨の証明書又は法第44条第3項の再検討の状況の証明書

宗教法人解散及び清算人就任届の例

　　　　　　　　　　　　　　　　　　　　　　　　　平成○年7月31日
　千葉県知事　殿
　　　　　　　　　　　　　　　千葉県船橋市松が丘1丁目35番1号
　　　　　　　　　　　　　　　宗 教 法 人 日 本 定 借 教
　　　　　　　　　　　　　　　清算人　実　藤　秀　志　㊞
　　　　　　宗教法人解散及び清算人就任届
　このたび，宗教法人日本定借教は解散し，宗教法人法第58条の規定による解散の登記及び清算人就任に伴う宗教法人法第55条の規定による登記をしましたので，同法第9条の規定により，登記簿謄本を添えてお届けします。

Ⅰ　宗教法人

清算結了届の例

```
                                            平成○年12月1日
千葉県知事　殿
                            千葉県船橋市松が丘1丁目35番1号
                            宗 教 法 人 日 本 定 借 教
                              清算人　実 藤 秀 志　㊞
```

　　　　　　　　　　宗教法人清算結了届

　宗教法人日本定借教は，平成○年7月1日解散し清算中のところ，このたび清算を結了し，宗教法人法第60条の規定による清算結了の登記をしましたので，同法第9条の規定により，登記簿謄本を添えてお届けします。

次に，法定解散の手続は，各々の場合に応じて，次の表のようになります。

	規則で定める解散事由の発生	合併の認証	破産	認証取消	解散命令	包括宗教団体の欠乏
第1ステップ	解散登記及び清算人就任登記と解散届及び清算人就任届の提出	合併による解散登記	破産管財人の選任及び破産登記の嘱託と所轄庁へ届出	裁判所による清算人の選任及び所轄庁の解散登記の清算人嘱託と就任届の提出	同左	解散登記及び清算人の就任登記と解散届及び清算人就任届の提出
第2ステップ	清算結了の登記	解散届を提出	債権者集会への報告	清算結了の登記	同左	同左
第3ステップ	清算結了届を提出	―	―	清算届を提出	同左	同左

(3)　清　　　算

　宗教法人解散時には，破産や合併の場合を除き，清算人が置かれます。
　清算人は，規則に定めがあればそれにより，規則に定めがなければ責任役員会で選任され，通常代表役員がなることが多いようです。
　清算人の職務は，次のとおりです。

① 現務の結了
② 債権の取立及び債務の弁済
③ 残余財産の引渡し

　そして，清算事務がすべて終了しますと，清算人は一定期間内に清算結了の登記を行ない，所轄庁へその旨を届け出て，解散した宗教法人は消滅します。

3　不活動宗教法人

　宗教法人の中には，不活動のものも時々見受けられます。こうした，不活動宗教法人に対して，所轄庁としては，まず宗教活動を停止するに至った原因を調査して，その原因を除去することがあります。

　しかし，そのようなことから不可能なような場合，所轄庁として，以下の整理をすることが教えられます。

① 吸収合併
② 任意解散
③ 解散命令

Ⅱ 宗教法人会計

Ⅱ　宗教法人会計

1　会計規定

1　概　　要

　宗教法人法上の会計に関する規定については，同法第25条第１項において，設立時に財産目録を，毎会計年度終了後３カ月以内に財産目録及び収支計算書を作成しなければならないとされています。
　次に，規則上の規定ですが，財産目録及び収支計算書並びに貸借対照表を作成している場合には，貸借対照表を宗教法人の事務所に備付けなければなりません（宗教法人法第25条第２項第３号）。
　その他の規則上の会計に関する規定としては，次のものがあります。
① 　監査機関がある場合には，その機関に関する事項（宗教法人法第12条第１項第６号）
② 　公益事業その他の事業の管理運営（公益事業以外の事業を行なう場合には，収益処分の方法を含む）に関する事項（宗教法人法第12条第１項第７号）
③ 　基本財産，宝物その他の財産の設定，管理及び処分，予算，決算及び会計その他の財務に関する事項（宗教法人法第12条第１項第８号）
　次に，財産処分等に関する制約としては，次の場合に公告を要求していることです。
① 　不動産又は財産目録に掲げる宝物を処分し，又は担保に供したとき（宗教法人法第23条第１項第１号）
② 　借入又は保証をしたとき（宗教法人法第23条第１項第２号）
　さらに，基本財産の総額の登記が，設立時（宗教法人法第52条第２項第５号）及び変更時（宗教法人法第55条）に必要となります。
　宗教法人会計についても，公益法人会計基準のような拠り所となる基準があるかといいますと，計算書類については文化庁が様式を示しています。

次に，昭和46年11月日本公認会計士協会宗教法人会計専門委員会が発表した「宗教法人会計基準（案）」，同じく日本公認会計士協会が公表した「宗教法人会計の指針」が非常に参考になろうかと思われます。これによりますと，財政的維持と発展とに効果的な情報を提供することを目的とするため現・預金の収支計算を中心として，貸借対照表の正味財産との連係を資金剰余金調整計算書と剰余金処分計算書を設けて調整計算を行なうところに特徴があります。

　しかしながら，宗教法人会計に関して所轄庁には監督権限はなく，宗教法人側からみれば，所轄庁に対して予算・決算・財産目録などの報告義務もないことから，一般的に宗教法人においては，帳簿・書類の整備に欠ける場合が多いことが指摘されていました。

　とはいっても，会計は基本かつ大切なものですから，例えば小規模宗教法人や中規模宗教法人については宗教法人会計基準（案）などをそのまま，又はほぼ準拠し，大規模宗教法人については公益法人会計基準なども組み合わせた計算体系を適用すればよいと思われます。

　ところが，以前の宗教法人法改正においては，以下の規定が付け加わり，結果として帳簿・書類の整備が不可欠となりました。

① 　信者その他の利害関係人の帳簿・書類閲覧請求権（第25条第3項）
② 　毎会計年度終了後4カ月以内に役員名簿，財産目録，収支計算書，貸借対照表，境内建物に関する書類，収益事業に関する書類の写の所轄庁への提出義務（第25条第4項）

　ただし，当分の間は，公益事業のみを行なう宗教法人で，その一会計年度の収入金額が一定の金額以内の場合には，収支計算書作成が免除されます。

③ 　収益事業を営まない小規模宗教法人（年間収入8,000万円以下）以外の宗教法人に対する収支計算書の所轄税務署への提出義務

2　会 計 年 度

　宗教法人の活動も，営利法人と同様に永遠に続いていくことが前提となっていますが，実際の活動成果は，1年の単位に区切ってみていくことになります。

この期間のことを，会計年度と呼んでいます。

この会計年度は，通常規則に明記されており，4月1日から翌年3月31日までを一会計年度とするところが多いようです。

3 会計区分

宗教法人会計には，「一般会計」と「特別会計」の2つがあります。

特別会計とは，特別な目的のため，一般会計と別個独立して収支計算や財務計算を行なっている会計をいいます。例えば，①境内建物の新築など長期間収入・支出がある場合，②法人税法上の収益事業を行なっている場合，③国や地方公共団体から補助金交付をうける補助事業などを行なっている場合には，特別会計が設けられています。

したがって，一般会計とは，特別会計が設けられたときの通常の会計をいいます。

4 勘定科目

(1) 財産目録

財産目録とは，一定時期における宗教法人のすべての資産と負債を一覧表にしたもので，勘定科目は次のとおりです。

財産目録の価額は，貸借対照表記載の価額と同一にします。

ここで，まず特別財産とは，法人が自ら選定した仏像等の宝物のことで，一般的な評価の対象となるものではないため，価額が評価できないような場合「－」と記載します。

次に，基本財産とは，宗教活動を行っていく上に必要な財政的基礎となるもので，境内や境内建物のほか，基本財産として設定されている一定の基金などをいいます。

普通財産とは，宗教法人の通常の活動に要する費用に充当すべき財産をいいます。

資　産　の　部		負　債　の　部	
大　科　目	中　科　目	大　科　目	中　科　目
特　別　財　産	宝　　　　　　物 什　　　　　　物	負　　　　債	借　　入　　金 預　　り　　金 未　払　金　な　ど
基　本　財　産	土　　　　　　地 建　　　　　　物 有　価　証　券 預　　　　　　金	正　味　財　産	正　味　財　産 (資産合計－負債合計)
普　通　財　産	土　　　　　　地 建　　　　　　物 什　器　備　品 車　　　　　両 図　　　　　書 有　価　証　券 積　立　預　金 預　　　　　　金 現　　　　　　金 貸　付　金　な　ど		

(2) 予算書及び収支計算書

予算書及び収支計算書の勘定科目は，次のとおりです。

ただし，一般会計に関するものです。

収支計算書は，当該会計年度におけるすべての収入と支出の内容を明瞭に表示するものであることから，勘定科目もそのように設定すべきです。

また，収益事業を行っている場合には，「地代収入」とか「あっせん手数料収入」とか，その内容のわかる勘定科目を別に設定すべきです。

（収入の部）

科　　　　目		内　　　　容
大　科　目	中　科　目	
宗教活動収入		宗教法人の本来の活動による収入
	宗 教 活 動 収 入	社入金，布施収入，献金収入，御供収入など
	会　　費　　収　　入	信者から徴収する会費等の収入
	寄　付　金　収　入	宗教法人運営のため寄付された収入
	補　助　金　収　入	包括宗教団体等からの補助金，助成金
資産管理収入		資産の運用や売却などによる収入
	資 産 運 用 収 入	預金利子や配当金などの収入
	資 産 売 却 収 入	資産売却に伴う収入
雑　　　収　　　入		宗教活動収入及び資産管理収入以外の収入
	雑　　　収　　　入	
繰　入　金　収　入		特別会計からの繰入金
	△△特別会計繰入金収入	
貸付金回収収入		金銭貸付の返済による収入
	貸 付 金 回 収 収 入	
借　入　金　収　入		宗教法人外部からの借入金による収入
	借　入　金　収　入	
特別預金取崩収入		一定目的で積立てられた預金を取崩して使用する場合
	基本財産預金取崩収入	基本財産として設定された預金を取崩して使用する場合
	△△積立預金取崩収入	
預　り　金　収　入		源泉所得税，住民税などの受入額
	預　り　金　収　入	

（支出の部）

科　　　　　目		内　　容
大　科　目	中　科　目	
宗教活動支出		宗教法人の本来の活動経費
	（宗教活動費）	宗教活動に要する直接経費
	儀式・行事費	宗教上の儀式・行事を行なうための一切の経費
	教化・布施費	教義をひろめ，信者を教化するための一切の経費
	信者接待費	信者との接待・慶弔費
	教師養成費	教師養成のための宗教的育成経費
	寄付金	災害復旧等寄付金
	雑費	宗教活動に要する雑費
	（管理費）	宗教法人の維持管理費
	会議費	責任役員会などの会議に要する経費
	事務費	消耗品費，通信費などの事務諸経費
	旅費交通費	宗教法人事務のために要する旅費交通費
	負担金	包括宗教団体等へ支払う諸負担金
	諸会費	加入諸団体への会費
	修繕費	建物，車両等の修繕費用
	火災保険料	宗教法人所有建物等の火災保険料
	公租公課	宗教法人の負担すべき諸税
	雑費	
人件費	給料手当	
	福利厚生費	社会保険料事業主負担分など
	退職金	
繰入金支出		特別会計の資金補充のための支出
	△△特別会計繰入金支出	
資産取得支出		資産の取得に要する支出
	△△財産××取得支出	
貸付金支出	貸付金支出	
借入金返済支出	借入金返済支出	
	支払利息支出	
特別預金支出	基本財産預金繰入	
	△△積立預金支出	
預り金支出	預り金支出	源泉所得税，住民税などの納付額
予備費		他の科目の予算不足に充当するためのもの

(3) 資金の範囲について

 宗教法人が選択した資金の範囲によって，収支計算書に表示される収入や支出が変わってくることがあります。収支計算書をわざわざ「資金収支計算書」と呼ぶことがあるように，収入は「資金」の収入であり，支出は「資金」の支出であるからです。

 資金の範囲については，宗教法人の規模などにより，以下のように規定されることが多いです。

・小規模法人……現金預金のみ
・大中規模法人……現金預金，短期金銭債権・債務及びこれに準ずるもの

(4) 減価償却について

 減価償却とは，減価償却資産の取得価額を費用配分する手続をいい，宗教法人内部の費用計算額で，資金支出は購入時のためそれ以降は資金支出を伴わず，留保される資金又は投下資本の回収という役割を果たすものです。

 宗教法人法においては，減価償却に関する規定はありませんが，宗教法人会計基準（案）においては，「固定資産については，土地，宝物及び什物を除き，毎期合理的な耐用年数により計算した減価償却額を当該資産の取得価額から控除しなければならない。」と規定されており，重要な会計処理といえるでしょう。

 具体的な償却方法は102ページを参考にして下さい。

 次に，減価償却資産の取替更新を予定して積立てる特定の目的を持った預金，すなわち，減価償却引当特定預金の計上にも留意すべきです。

(5) 正味財産について

 正味財産とは，資産総額から負債総額を控除した残額，すなわち純資産のことです。

 資産が時価ではなく，取得価額で評価されているということから，正味財産は財産状態ではなく，財政状態を表わす機能を果たしているといえます。

宗教法人会計基準（案）においても，正味財産（基金）は，基本金と剰余金とに区分するものとされており，具体的表示方法については，次の例を参考にして下さい。

```
      基      金           （単位：円）
  Ⅰ  基  本  金           10,000,000
  Ⅱ  剰  余  金
      前期繰越剰余金         5,000,000
      当 期 剰 余 金        1,500,000
        剰 余 金 合 計      6,500,000
      基  金  合  計       16,500,000
```

(6) 基本金と基本財産について

基本金とは，貸借対照表の正味財産の一部をいい，宗教法人会計基準（案）において，次のように定められています。

① 当初基本金（設立時に定められた額）
② 寄付者の意思によって永続的に維持されるべきものとして指定された資産の額（指定寄付金）
③ 宗教法人の規則によって定められた決議機関により基本金として組入れを決定された額（組入基本金）

他方，基本財産とは，宗教法人規則の中に定めることとされており，例えば，①土地，建物などの不動産，②公社債などの有価証券，③永久保存目的の積立財産，④基本財産として指定寄付された金品などから成り，基本財産以外の財産は普通財産とされることが多いようです。

ここで，通常基本金を基本財産に見合う額だけ設定する考え方がとられています。

(7) 予備費について

 予算額が不足する科目がある場合に，予備費という科目を予め設定しておき，予算額を計上し，当該科目に予備費の予算額を流用して使用する場合があります。

 この場合，予備費の予算額を減少させ，流用先の科目の予算額を同額増加させることになります。

 なお，予備費の予算額は，予算総額の10％以内が適当と思われます。

(8) コンピューター会計の導入

 最近，誰でもパソコンを使うくらい一般的になってきました。

 確かに，一度使ってしまうと，勘定科目の設定から仕訳入力，決算書の作成まで，非常に便利で止められなくなってしまいます。

 大規模法人では，宗教法人専用ソフトを購入されることをお勧めしますが，小規模法人では一般会計ソフト（例えば弥生会計）を用いて日常処理していくことで十分です。

 この際，検討してみてはいかがでしょうか。

2 予算管理

1 予算の意義

　予算とは、当該年度の宗教法人の活動計画を金銭面から表示したもので、収入予算と支出予算とから成っています。
　収入予算は、当該年度の収入の見積りであり、目標です。
　一方、支出予算は、代表役員に対する支出の限界の範囲を明らかにするものです。
　このように、宗教法人の活動にとって、予算は、その活動範囲を示し、極めて重要なものであり、宗教法人が費消する金員は、すべて予算に基づかなければならないのです。とは言え、宗教法人にも大小さまざまなものがあり、特に小規模な法人で予算を編成するほどの収入が見込めないような場合には、あまり宗教活動を制約せず、法人の実情に即した予算の組み方が必要になります。
　なお、予算は、規則の記載事項となっている点に留意して下さい（宗教法人法第12条第1項第8号）。
　予算に関する規則例としては、次の例があります。
① 編成……開始前1カ月前に編成
② 区分……経常及び臨時の2部に分け編成
③ 議決方法……代表役員が編成し、役員会の議決
④ 予備費の設定と支出……予備費の設定と代表役員の責任で支出
⑤ 流用禁止……支出予算の流用禁止
⑥ 追加と補正予算……やむを得ない支出は、役員会の議決を経て、既定予算の追加又は更正を行なう

2　予算編成・決定

　予算編成とは，予算書案の作成のことですが，これは毎会計年度開始前（例えば1カ月前）に，代表役員の責任において，責任役員会の議決を経て決定されます。

　予算編成では，収入及び支出とも実現可能性が大切となりますが，次の点にも留意すべきでしょう。

① 過去の例
② 物価変動などの社会情勢
③ 信者数の増減などの内部事情

　そして，収入及び支出の見積りができましたら，会計区分や収支科目の割振りに従って予算書を作成しますが，次の原則に従って下さい。

① 継続性……毎年度の科目区分や科目内容は同一のものを継続として使用
② 網羅性……収入，支出となるものはもらさずすべて計上
③ 開　示……一時借入金限度額や科目間で流用を認める場合は，（注）においてその旨を表示

3　収支予算書の具体例

　収支予算書の具体例は，次のとおりです。

平成○年度　収支予算書
（自平成○年4月1日　至平成○1年3月31日）

1）収入の部				
科　　目	当年度予算額	前年度予算額	増　　減	備　考
宗教活動収入	180,000,000	130,000,000	50,000,000	
出版事業収入	20,000,000	15,000,000	5,000,000	
雑　収　入	1,500,000	2,500,000	△1,000,000	
当年度収入合計　(A)	201,500,000	147,500,000	54,000,000	
前年度末現金預金　(B)	1,500,000	1,500,000	－	
収入合計　(C)=(A)+(B)	203,000,000	149,000,000	54,000,000	

2）支出の部				
科　目	当年度予算額	前年度予算額	増　　減	備　考
宗教活動支出	110,000,000	100,000,000	10,000,000	
出版事業経費支出	15,000,000	13,000,000	2,000,000	
雑　支　出	1,000,000	1,500,000	△500,000	
当年度支出合計　(D)	126,000,000	114,500,000	11,500,000	
当年度末現金預金　(E)	2,000,000	2,000,000	－	
支出合計　(F)=(D)+(E)	128,000,000	116,500,000	11,500,000	

(注) 1　一時借入金限度額　10,000,000円
　　 2　各科目間の流用は，当該科目の当初予算額の5％を限界とする。但し，人件費への流用は認めない。

なお，予期せぬことにより，年度途中で予算変更を余儀なくされた場合には，①予備費の流用，②各科目間の流用によって柔軟に対拠して下さい。

4　予算の管理

　予算の管理は，会計年度中に予算と実績とを比較し，見直していくことによって行なわれます。
　この予算の管理では，①収入予算管理簿，②支出予算管理簿が利用されます。
　両管理簿とも科目ごとに作成し，収入については，予算超過については問題ありませんが，その超過額に対する支出権限までは与えられていない点に留意すべきです。
　支出については，その支出が宗教法人に必要な本来の支出か否かがポイントです。
　次に，予算の管理から決算までの簡単なステップを示しておきます。
　第1ステップ……実際の収入・支出時に入金伝票・出金伝票を起票
　第2ステップ……入金伝票・出金伝票によって収入予算管理簿・支出予算管理簿に記帳
　第3ステップ……できれば月別に予算と実績を対比させ確認

Ⅱ 宗教法人会計

第4ステップ……決算において収入予算管理簿・支出予算管理簿に基づき収支計算書を作成

次に,具体的に入金伝票・出金伝票,収入予算管理簿・支出予算管理簿の記帳のやり方について見ていきたいと思います。

設例として平成〇年4月20日に信者の小飯塚貞子氏よりお布施100万円を現金により受取り,当初予算1億8千万円としますと,入金伝票及び収入予算管理簿に次のように記帳します。

		入 金 伝 票		No. 1
〇年4月20日	代表役員		起票者	
科目	宗教活動収入	入金先	小飯塚貞子 殿	
摘 要		金 額		
お 布 施		1,000,000		
合 計		¥1,000,000		

収入予算管理簿

科 目 宗教活動収入　　　　　　No.1

〇月	年日	摘 要	入金伝票	予 算 額	収 入 額	予 算 残 高
4	1	当初予算		180,000,000円	円	180,000,000円
4	20	小飯塚氏よりお布施	No.1		1,000,000	179,000,000

次の設例として，平成○年4月25日に信者小飯塚貞子氏を接待し，10万円を支出し，当初予算1億1千万円とした場合の出金伝票及び支出予算管理簿は次のようになります。

出金伝票 No.1

○年4月25日	代表役員		起票者	
科目 信者接待費	出金先	スナックかぼちゃ		殿

摘要	金額
信者小飯塚氏接待	100,000
合計	¥100,000

支払予算管理簿

科　目　宗教活動支出　　　　　　　　No.1

○年 月日		摘要	出金伝票	予算額	支出額	予算残高
4	1	当初予算		110,000,000 円	円	110,000,000 円
4	25	信者小飯塚氏接待	No.1		100,000	109,900,000

３　決　　　算

1　概　　　要

　決算とは，当該年度の宗教法人の活動を金銭面から表わしたもので，一年間の収支の結果，年度末の財政状態がどのようなものであるかを示すための会計上の事務手続であるといえます。

　決算の準備作業としては，次のものがあります。

① 　収入予算管理簿・支出予算管理簿の記帳の正確性を確かめ，もう一度，入金伝票・出金伝票や領収書などの証憑書類と突合する

② 　科目間違いがないか確認する

③ 　現金などの手許残高と帳簿残高との一致を確認するため実査を行なう

④ 　預金などについては，期末残高が正しいか否かを確認するため残高証明書を入手する

⑤ 　その他必要に応じて，突合，実査，確認を行なう

　具体的な決算手続は，次のステップを踏んで行なわれます。

第１ステップ……期末試算表及び棚卸表の作成

第２ステップ……決算整理仕訳と精算表の作成

第３ステップ……元入記入の整理と締切り

第４ステップ……仕訳帳の締切り（伝票の場合不要）

第５ステップ……決算書の作成

　ここで，宗教法人会計基準（案）の決算書は，①資金収支計算書（収支計算書），②貸借対照表，③資金剰余金調整計算書，④剰余金処分計算書，⑤財産目録の５つが示されていますが，宗教法人法における法定書類である財産目録及び収支計算書の他に，貸借対照表ぐらいは作成してもらいたいものです。

　また，決算書ができましたら，規則に従い，責任役員会の議決などの決算の

承認が必要で，これらの書類は，5年間は保管しておくことが必要です。

2 収支計算書の作り方

収支計算書は，次のような形式により，収入予算管理簿・支出予算管理簿より作成され，会計年度内の収入と支出を示した主要な計算書です。また，収支計算書は，当会計年度におけるすべての収入と支出を明瞭に表示しなければなりません。

このため，科目も大科目のみならず，中科目，小科目と適宜用いることをお勧めします。

平成〇年度収支計算書
自平成〇年4月1日　至平成〇1年3月31日

(収入の部)　　　　　　　　　　　　　　　　　宗教法人日本定借教 (単位：円)

科目		予算額	決算額	差異	備考
1	宗教活動収入	(7,200,000)	(8,600,000)	(△1,400,000)	
	宗教活動収入	5,000,000	6,000,000	△1,000,000	
	会費収入	1,000,000	1,200,000	△200,000	
	寄付金収入	300,000	500,000	△200,000	
	補助金収入	900,000	900,000	0	
2	資産管理収入	(0)	(15,400)	(△15,400)	
	資産運用収入	0	15,400	△15,400	
	土地売却収入	0	0	0	
3	雑収入	(0)	(0)	(0)	
	雑収入	0	0	0	
4	繰入金収入	(100,000)	(100,000)	(0)	
	特別会計繰入金収入	100,000	100,000	0	
5	貸付金回収収入	(100,000)	(200,000)	(△100,000)	
	貸付金回収収入	100,000	200,000	△100,000	
6	借入金収入	(1,500,000)	(1,000,000)	(500,000)	
	借入金収入	1,500,000	1,000,000	500,000	
7	特別預金取崩収入	(0)	(0)	(0)	
	基本財産預金取崩収入	0	0	0	
	修繕積立預金取崩収入	0	0	0	

Ⅱ 宗教法人会計

科　目		予　算　額	決　算　額	差　　異	備　考
8　預り金収入		(　　　　0)	(　154,100)	(△154,100)	
	預　り　金　収　入	0	154,000	△154,000	
当年度収入合計　　(A)		8,900,000	10,069,500	△1,169,500	
前年度末現金預金　(B)		361,500	361,500	0	
収　入　合　計　(C)=(A)+(B)		9,261,500	10,431,000	△1,169,500	

(支出の部)

科　目		予　算　額	決　算　額	差　　異	備　考
1　宗教活動支出		(3,000,000)	(3,440,000)	(△440,000)	
(1)　宗教活動費		(1,800,000)	(2,000,000)	(△200,000)	
	儀　式　行　事　費	200,000	150,000	50,000	
	教　化　布　施　費	1,100,000	900,000	200,000	
	信　者　接　待　費	100,000	156,000	△56,000	
	教　師　養　成　費	300,000	684,000	△384,000	
	寄　　付　　金	0	0	0	
	雑　　　　　費	100,000	110,000	△10,000	
(2)　管理費（維持費）		(1,200,000)	(1,440,000)	(△240,000)	
	会　　議　　費	100,000	113,000	△13,000	
	事　　務　　費	200,000	215,000	△15,000	
	旅　費　交　通　費	200,000	174,000	26,000	
	負　　担　　金	60,000	60,000	0	
	諸　　会　　費	40,000	72,000	△32,000	
	修　　繕　　費	0	210,000	△210,000	
	火　災　保　険　料	300,000	301,000	△1,000	
	公　租　公　課	250,000	234,000	16,000	
	雑　　　　　費	50,000	61,000	△11,000	
2　人　件　費		(3,600,000)	(3,600,000)	(　　　　0)	
(1)　給　料　手　当		3,000,000	3,000,000	0	
(2)　福　利　厚　生　費		600,000	600,000	0	
(3)　退　職　金		0	0	0	
3　繰入金支出		(　　　　0)	(　　　　0)	(　　　　0)	
(1)　特別会計繰入金支出		0	0	0	
4　資産取得支出		(　　　　0)	(　　　　0)	(　　　　0)	
(1)　建物取得支出		0	0	0	

5　貸付金支出	（　　　　0）	（　　300,000）	（△300,000）	
（1）貸付金支出	0	300,000	△300,000	
6　借入金償還支出	（　　　　0）	（　　115,400）	（△115,400）	
（1）借入金返済支出	0	100,000	△100,000	
（2）支払利息支出	0	15,400	△15,400	
7　特別預金支出	（　　　　0）	（　　　　0）	（　　　　0）	
（1）基本財産預金繰入	0	0	0	
（2）修繕積立預金支出	0	0	0	
8　預り金支出	（　200,000）	（　　156,400）	（　　43,600）	
預り金支出	200,000	156,400	43,600	
9　予備費	（　300,000）	（　　　　0）	（　300,000）	
当年度支出合計　　　　(D)	7,100,000	7,611,800	△511,800	
当年度末現金預金　　　(E)	2,161,500	2,819,200	△657,700	
支出合計　　(F)=(D)+(E)	9,261,500	10,431,000	△1,169,500	

3　財産目録・貸借対照表の作成

　財産目録とは，一定時期における宗教法人の有するすべての資産・負債を，その種類ごとに一覧表にしたもので，貸借対照表に類似したものです。

　財産目録は，次の4財産の管理と処分のところで紹介されている財産管理簿より作成されます。なお，財産目録と貸借対照表とは，以下のような相違があります。

事　　項	財　産　目　録	貸借対照表
表示方法	勘定科目の内訳を財産目録に記載するのが原則で，財産科目のうち別紙に内訳明細書を添付する場合有	別紙に勘定科目の内訳明細書を添付
金額表示	宝物のような金額表示できないものも記載	原則として，金額表示されないものは記載不可

　次に，具体的な財産目録及び貸借対照表を載せておきますから，参考にして下さい。

Ⅱ 宗教法人会計

財 産 目 録

平成○1年3月31日現在

宗教法人　日本定借教

区　　分	数　　量	内　　訳	金　　額
資　産　の　部		円	円
1　特別財産			
（宝　物）			
1　観世音菩薩像	1		500,000
2　仏像	3		－
3			
特　別　財　産　計			
2　基本財産			
（土　地）			
1　境内地　1筆	200㎡		60,000,000
（建　物）			
1　本堂　木造平屋建瓦葺高棟	100㎡		50,000,000
2　有価証券			
第10回国債	1口	1,000,000	
第11回国債	3口	3,000,000	4,000,000
3　預　金			
定期預金（京葉銀行）		1,000,000	1,000,000
基　本　財　産　計			115,000,000
3　普通財産			
1			－
（建　物）			
1　境内地内倉庫　鉄骨造	50㎡		1,500,000
（設　備）			
1　本堂防災設備	1式		
（什器設備）			
1　本堂関係	5点	800,000	
2　本坊関係	3点	250,000	
3　事務所関係	5点	950,000	2,000,000
（車　輌）			
1　乗用自動車	3両		6,200,000
（授　物）			
1　守袋，経本等在庫			260,000
（現金預金）			
1　定期預金		1,500,000	
2　普通預金		560,000	

3　現　　金		574,000	2,634,000
基　本　財　産　計			12,594,000
資　　産　　合　　計			128,094,000
負　債　の　部			
（借入金）			
長期借入金　　京葉銀行		55,000,000	
短期借入金　　京葉銀行		45,000,000	100,000,000
（未払金）			
1　経費未払		374,000	
2　源泉税，社会保険預り		264,000	638,000
負　　債　　合　　計			100,638,000
正　　味　　財　　産			27,456,000

上記財産目録を議決します。
平成〇1年5月20日

　　　　　　　　　　　　　　宗教法人　日本定借教
　　　　　　　　　　　　　　　代表役員　実　藤　秀　志
　　　　　　　　　　　　　　　責任役員　佐　藤　清　次
　　　　　　　　　　　　　　　責任役員　伊　藤　　　章
　　　　　　　　　　　　　　　責任役員　遠　藤　和　弘

Ⅱ 宗教法人会計

貸 借 対 照 表

平成○1年3月31日現在　　　　　宗教法人　日本定借教

（単位：円）

資　産　の　部		負債及び基金の部	
Ⅰ　固　定　資　産		負　　　　債	
1）有形固定資産		Ⅰ　固　定　負　債	
土　　　　地	60,000,000	長　期　借　入　金	55,000,000
宝物及び什物	500,000	固　定　負　債　計	55,000,000
建　　　　物	51,500,000	Ⅱ　流　動　負　債	
車　　　　輛	6,200,000	未　　払　　金	374,000
備　　　　品	2,000,000	短　期　借　入　金	45,000,000
有形固定資産計	120,200,000	預　　り　　金	264,000
2）その他の固定資産		流　動　負　債　計	45,638,000
そ　の　他	260,000	負　債　合　計	100,638,000
その他の固定資産計	260,000	基　　　　金	
固　定　資　産　計	120,460,000	Ⅰ　基　　本　　金	20,000,000
Ⅱ　流　動　資　産		Ⅱ　剰　　余　　金	
現　金　・　預　金	3,634,000	前期繰越剰余金	4,998,300
有　価　証　券	4,000,000	当　期　剰　余　金	2,457,700
流　動　資　産　計	7,634,000	剰　余　金　計	7,456,000
		基　金　合　計	27,456,000
資　産　合　計	128,094,000	負債・基金合計	128,094,000

4　正味財産増減計算書

　所轄庁への提出書類ではありませんが，公益法人会計基準では，正味財産増減計算書を作成することが要求されています。

　正味財産増減計算書とは，正味財産の増減を表示することにより，収支計算書と貸借対照表とを有機的に結びつける計算書です。

　すなわち，取引の中には，資金の増減であり，かつ，非資金資産の増減に関するものや，資金に関係なく非資金資産の増減に関係する取引があり，こうした取引の増減を記録したものが正味財産増減計算書なのです。

　公益法人会計基準上の正味財産増減計算書には，ストック式とフロー式の二種類がありますが，ストック式のように，直接資産・負債の増減を示す方がわかりやすいとされています。

5　資金剰余金調整計算書

　資金剰余金調整計算書とは，収支計算書の資金剰余金に期間的な資金調整項目を加減して，剰余金（不足金）を算出し，期間対応を認識するとともに，有機的に貸借対照表を誘導する計算書です。

　資金剰余金調整計算書も所轄庁への提出書類ではありません。宗教法人会計基準（案）に掲示されています。

　具体例については，以下の作成例を参考にして下さい。

資金剰余金調整計算書
自平成 ○ 年4月1日
至平成○1年3月31日

項　　　　　　目	金　　額
当期資金不足金	－100
固定資産等の期中支出額	
車　　輛	700
備　　品	620
建設仮勘定	5,500
電話加入権	72

加算	有価証券	300
	退職給与引当特定預金	6,000
	本堂改修引当特定預金	15,000
	貯蔵品等の期末残高	
	貯蔵品	36
	未払金，貸付金等の期末残高または期中の増加額	
	未収入金	37
	短期貸付金	600
	立替金	15
	仮払金	39
	未払金，借入金等の期首残高または期中の減少額	
	未払金	870
	短期借入金	750
	預り金	12
	諸引当金の取崩額	
	賞与引当金	30
加算計		30,581
減算	減価償却額	760
	貯蔵品等の期首残高	
	貯蔵品	230
	未収入金，貸付金等の期首残高または期中の減少額	
	未収入金	470
	短期貸付金	550
	立替金	800
	仮払金	75
	未払金，借入金等の期首残高または期中の増加額	
	未払金	300
	短期借入金	6,200
	預り金	150
	仮受金	70
	諸引当金の繰入額	
	賞与引当金	300
	退職給与引当金	200
減算計		10,105
当期剰余金		20,376
前期繰越剰余金		1,600
次期繰越剰余金		21,976

6 監　　査

　監査機関については，宗教法人法上，任意機関であるため，設置は強制されていません。
　ここで，監査機関の監査には，次の2つの種類があります。
　1つは，収支計算書などの決算書に基づいて，会計事務処理全般について行なわれる会計監査で，次のポイントについて行なわれます。
　① 決算書の記載事項の適正性，計算の正確性
　② 収支計算書の各科目の金額と収入予算管理簿・支出予算管理簿の各科目の合計金額の一致
　③ 収入予算管理簿・支出予算管理簿の漏れや計算の正確性の確認
　④ 科目誤りや一般会計と特別会計の区分の確認など
　2つ目は，代表役員等によって執行された事務が，適正か否かを監査する事務監査であり，次のポイントについて行なわれます。
　① 宗教法人の運営の法令や規則への準拠性
　② 公益事業以外の事業の目的適合性など
　ところで，今回の宗教法人法改正において，信者等の帳簿・書類閲覧請求権や決算書類の写の所轄庁への提出義務が，新たに加わりましたが，監査証明が添付されていれば，当該書類の信頼性は，著しく高まるものと思われます。
　こうして監査は，内部の会計や事務が適正に行なわれていたことを証明するだけでなく，外部の信者や利害関係者などに対する権威付けともなるのです。
　そのような意味からいっても，さらに監査の信頼性を高めることからも，会計監査については，外部者で監査の専門家である公認会計士に任せることが最もよいことです。
　公認会計士に監査をしてもらうことによって，経理の不正・誤謬を発見することもできますし，経理の指導をしてもらうことによって事務の合理化を図ることも可能となり，まさに一石二鳥といえます。

4 財産の管理と処分

1 財産の管理

(1) 概　　要

　宗教法人においても，法定書類として財産目録及び収支計算書が位置付けられているといったように，財産の管理は非常に大切なものといえます。

　財産の管理は，種類ごとに財産管理簿を設けて行なわれ，財産には，現金などの他に，借入金などの負債も含まれ，その概要は次表のとおりです。

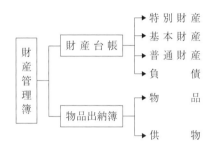

　そして，これらの財産管理簿をもとに，財産目録は作成されます。

(2) 特別財産の管理

　特別財産とは，宝物，什物をいいますが，こうした財産は，金額も比較的高価で，重要性の高いものが多いことから，次のような財産台帳を作成すればよいでしょう。

No.	取得年月日	品　目	数量	品質形状寸法	金　額	処　分		備　考
						年月日	数量	
						（財産区分）特別財産（種別）宝　物		No.1
1	平成〇年10月1日	観世音菩薩像	1	木造50cm立像	500,000円			弘法大師作
〜	〜	〜	〜	〜	〜	〜		〜

(3) 基本財産の管理

　基本財産の管理は，土地，建物，有価証券，預金などの種類ごとに管理します。

　基本財産の総額は，登記事項になっており，その増減があれば，変更登記をする必要があることからいっても，その管理は非常に大切となってきます。

　そこで，基本財産の各種類ごとに，次のような財産台帳を作成して下さい。

		（財産区分）基本財産（種別）土　地						No.1
No.	取得年月日 登記年月日	所　在　地	地目	用途	地積	金　額	処分 年月日	備考
1	平成〇年2月10日 平成〇年3月31日	千葉県船橋市 松が丘1-35-1	境内地	境内建 物敷地	200㎡	60,000,000円		
〜	〜	〜	〜	〜	〜	〜	〜	

		（財産区分）基本財産（種別）建　物						No.1
No.	取得年月日 登記年月日	所　在　地	構造	種類	床面積	金　額	処分 年月日	備考
1	平成〇年8月10日 平成〇年9月20日	千葉県船橋市 松が丘1-35-1	木造 平屋	本堂	100㎡	50,000,000円		
〜	〜	〜	〜	〜	〜	〜	〜	

No.	取得年月日 (償還年月日)	銘柄	数量	番号	額　面	利率	金　額	処　分		備　考
								年月日	数量	
1	平成〇年11月1日 (平成〇+10年11月1日)	第10回 国　債	1口	611543	千円 1,000	% 2.5	円 1,000,000			
〜	〜	〜	〜	〜	〜	〜	〜	〜	〜	〜

(財産区分) 基本財産 (種別) 有価証券　No.1

No.	取得年月日 (満期年月日)	預金先	種別	番号	利率	金　額	引出年月日	備　考
1	平成〇年12月1日 平成〇1年5月1日	京葉／船橋	定期	345001	% 1.7	円 1,000,000		
〜	〜	〜	〜	〜	〜	〜	〜	〜

(財産区分) 基本財産 (種別) 預　金　No.1

(4) 普通財産の管理

普通財産には，現金から始まり各種のものがありますが，土地，建物，有価証券，預金については，基本財産と同様に行なえばよいでしょう。

ここでは，普通財産の管理でも重要と思われる現金の管理（現金出納簿により行なう）と比較的わかり難い図書の財産台帳を次に例示しておきます。

現 金 出 納 簿　No.1

年　月　日	摘　要		収　入	支　出	差引残高
	科　目	内　容			
〇年4月1日	繰越残高		円	円	円 500,000
4月20日	宗教活動収入	信者小飯塚氏よりお布施受入	1,000,000		1,500,000
4月25日	信者接待費	信者小飯塚氏を接待		100,000	1,400,000
〜	〜	〜	〜	〜	〜

		(財産区分) 普通財産 (種別) 図書					No.1
No.	取得年月日	図 書 名	数 量	金　額	処分年月日	備　考	
1	平成○年4月1日	宗教大全集	1セット	200,000 円			
〲	〲	〲	〲	〲	〲	〲	

(5) 負債の管理

　借入金や預り金などの負債についても，次のような財産台帳を作成し，管理することが望まれます。

　また，負債においては，網羅性も重要な管理ポイントとなることを忘れないで下さい。

		(財産区分)　負債 (種別)　長期借入金							No.1
借入年月日	目的使途	借入先	返済期限	利率	金　額	返済年月日 返 済 額	残　高	備　考	
平成○年8月1日	本堂新築工事代金	京葉/船橋	平成○+7年7月	4.5%	50,000,000 円	円	円	境内地200㎡担保提供	
						平成○-2年 7月31日 5,000,000	45,000,000		
〲	〲	〲	〲						

(6) 物品の管理

　ろうそくなどの物品や米などの供物についても，次の物品受払簿や供物整理簿によってきちんと管理するようにしましょう。

物品受払簿				No.1 品名 ろうそく
年月日	摘要	受入数量	払出数量	残高
○年4月1日	前年度より繰越	本	本	200本
5月20日	吉沢家法要		50	150
〳	〳	〳	〳	〳

供物整理簿					No.1 品名 米
	受入		払出		残高
年月日	摘要	数量	摘要	数量	
○年4月1日	前年度より繰越	kg		kg	10 kg
4月20日	小飯塚氏より受入	5			15
5月20日			吉沢家法要	6	9
〳	〳	〳	〳	〳	〳

2　財産の処分

(1) 概　要

　宗教法人の財産には，①特別財産，②基本財産，③普通財産の３つに分けられますが，これらは宗教法人の目的達成のため維持運用されなければなりません。宗教法人法第23条においては，宗教法人が次のような行為をする場合には，一定の手続をふむ旨が規定されています。

① 不動産又は財産目録に掲げる宝物の処分，又は担保提供
② 借入又は保証
③ 主要な境内建物の新築，改築，増築，移築，除却又は著しい模様替
④ 境内地の著しい模様替

⑤ 主要な境内建物の用途若しくは境内地の用途変更又は宗教法人法第2条に規定する目的以外の目的使用

(2) 手 続

宗教法人法第23条の財産処分等を行なう場合には，一定の手続をふむ必要があります。財産に関する事項は，規則の記載事項で，基本的に責任役員会の議決など規則に定められた手続をふまなければなりません。規則の定めがなければ，責任役員定数の過半数で決せられます。

規則で定めた手続後は，各々の行為の少なくとも1カ月前までに，信者等に対して，公告しなければなりません。

もし，境内建物若しくは境内地又は財産目録に掲げる宝物の処分について，前述の手続を怠りますと，当該処分は無効になります。

また，手続を怠って財産の処分等をした代表役員は，1万円以下の過料に処せられます（宗教法人法第88条第3号）。さらに，変更登記を要する場合には，速やかにこれを行なわなければなりません。

財産処分についての公告の例

財産処分についての公告

　宗教法人日本定借教規則第27条に定める手続を経て，下記のとおり，財産を処分することになりましたので，宗教法人法第23条の規定によって公告します。
　平成○年7月1日
　　信者その他利害関係人各位

　　　　　　　　　　　　　　　　　　千葉県船橋市松が丘1丁目35番1号
　　　　　　　　　　　　　　　　　　宗 教 法 人 日 本 定 借 教
　　　　　　　　　　　　　　　　　　代表役員　実　藤　秀　志　㊞

記

1　処 分 す る 財 産：観世音菩薩像（宝物）1個　￥500,000
2　処 分 目 的：信者　小飯塚貞子氏への借金返済
3　処 分 の 方 法：代物弁済
4　処 分 の 相 手 先：小飯塚　貞子
5　処 分 年 月 日：平成○年6月10日

Ⅲ　宗教法人の税務

Ⅲ 宗教法人の税務

1 概　　要

1　税法上の取扱い

　宗教法人に対する税法上の取扱いは，公益事業の保護・育成の見地から本来の公益事業からの所得については，法人税・事業税・住民税は非課税とされ，収益事業についてはそれらが課税されます。
　消費税については，宗教法人も事業を行なう事業者であり，基準期間の課税売上高が1,000万円を超えていれば，消費税の納税義務を負います。
　また，宗教法人が住職等に給与を支払えば源泉徴収義務も発生します。
　しかし，宗教法人に関しては，概して，次で示すように，税法上優遇されているでしょう。

2　非　課　税

　税法上，宗教法人に関しては，次のような特例が設けられています。

税　　　目	非　課　税　の　範　囲
法　人　税 事　業　税 道 府 県 民 税 市 町 村 民 税	収益事業以外の事業から生じた所得 〃 〃 〃
所　得　税	受取利子，受取配当金，利益の分配並びに報酬及び料金
地　価　税	業務目的以外の用に供されている土地等及び1年以上の未利用地以外（現在停止中）
登 録 免 許 税	①　境内地及び境内建物の取得登記 ②　校舎及び教育用土地の取得登記
関　　　税	外国から寄贈された次の物品 ①　神仏の像（画），その他祭具等 ②　ミサ用又は聖さん式用パン，ろうそく等

印　紙　税	金銭及び有価証券の受取書
不動産取得税 固定資産税	①　境内建物及び境内地 ②　設置する幼稚園用の不動産 ③　設置する博物館用の不動産
都市計画税	固定資産税の非課税の土地家屋
特別土地保有税	受贈した宗教事業用土地
事業所税	収益事業以外の事業所

3　公益事業と収益事業

　宗教法人の本来の活動は、宗教の教義をひろめ、信者を強化育成することなどですが、一定の範囲内であれば、教育等その他様々な事業を行なうことが可能です。

　すなわち、宗教法人は、公益事業と公益事業以外の事業を行なえるのです。

　公益事業とは、①公益の利益を図る目的で行なわれ、かつ、②営利を目的としないものです。

　次に、公益事業以外の事業、すなわち収益事業については、無制限に行えるわけではありません。

　これらの事業についても、①宗教法人の本来の目的に反するもの、②投機的性格を有するもの、③風俗営業に該当するものなどは行なえず、これに反すれば、所轄庁は、1年以内の期間に限り、事業の停止を命ずることができます（宗教法人法第79条）。

　公益事業以外の事業、すなわち、収益事業は課税の対象となることを先程指摘しましたが、ここで収益事業の要件としては、①継続して営まれること、②事業所を設けて営まれることの2点です。

　法人税法施行令第5条には、収益事業の範囲が規定されていますが、宗教法人における取扱いのポイントは次表のとおりです。

Ⅲ 宗教法人の税務

収 益 事 業	宗教法人の取扱いのポイント
物 品 販 売 業	① 絵葉書，写真帳，暦，ろうそく，線香，花など一般のお店で販売されているものの販売は収益事業 ② お札，お守，おみくじ等の販売は非課税
不 動 産 販 売 業	① 取得から譲渡までの一連の行為が反復かつ継続的に行なわれたり，土地の造成・分譲等が１つの事業計画に基づき相当期間を要して遂行されたり，収益事業に属する固定資産等の処分行為は収益事業 ② 土地の現状のままの譲渡や相当期間（10年以上）保有固定資産の譲渡等は非課税
不 動 産 貸 付 業	墳墓地の貸付は宗教活動のため建物の一部を住職に住まわせること等は非課税
金 銭 貸 付 業	手形割引や年利7.3％超の共済貸付けは収益事業
物 品 貸 付 業	貸金庫，貸ロッカーや神前結婚，仏前結婚の挙式のための衣しょうの貸付等は収益事業
製 造 業	製造場等を設け，自己の栽培等により取得した農作物等に加工を加え製造卸売をするような場合には収益事業
通 信 業	公益電話サービスは収益事業
運 送 業	スクールバスのように，通学用の送迎のみを目的とするものは非課税
倉 庫 業	営業倉庫や寄託物品の保管業務は収益事業
請 負 業	他者の委託に基づいて行なう調査，研究，情報の収集等は収益事業
印 刷 業	謄写印刷業や複写業は収益事業
出 版 業	① 書籍，名簿，カタログ等を作って販売すれば収益事業 ② 会員に配布する会報の出版は非課税
写 真 業	写真撮影業やフイルムの現像業務は収益事業
席 貸 業	① 広く檀家以外の者に対し，当宗教法人の僧侶が出仕しないで，告別式等の行事のため本堂等を使用させ，利用料を収受するのは収益事業 ② 国等への席貸しは非課税
旅 館 業	① 宗教法人の宿泊施設で，信者等を宿泊させ，宿泊料として実質的に対価を受け取ったり老人ホームを経営すれば収益事業 ② 関連者用の宿泊施設で，１泊1,000円以下の場合は非課税

料理店業その他の飲食店業	① 公共施設内で食堂などの経営は収益事業 ② 学校給食事業は非課税	
周 旋 業	墓を求める人への墓石業者へのあっ旋や他人の経営する墓地のあっ旋業は収益事業	
代 理 業 仲 立 業 問 屋 業 鉱 業 土 石 採 取 業 浴 場 業	宗教法人にはあまり関係のないことと思われます	
理 容 業	理容学校を経営して，理容サービスの提供を行なえば収益事業	
美 容 業	美容学校を経営して，マッサージなどの美容サービスを行なえば収益事業	
興 行 業	① 自ら劇団等を組織したり，他の興行主との契約により見せ物の取次などを行なう場合には収益事業 ② 1回限りの特別記念の音楽会等や常設の博物館等において，主としてその所蔵品を観覧させる行為は非課税	
遊 技 所 業	野球場，釣り堀などの娯楽施設の運営業は収益事業	
遊 覧 所 業	遊園地や庭園などの観覧をさせるような事業は収益事業	
医 療 保 険 業	病院，治療院等を経営すれば収益事業	
技 芸 教 授 業	書道，華道など一定の技芸を教授する事業を行なえば収益事業	
駐 車 場 業	月極めなど駐車場の提供を事業として行なえば収益事業	
信 用 保 証 業 無体財産権提供業 労 働 者 派 遣 業	宗教法人にはあまり関係のないことと思われます	

なお，事業開始のときには，次の手続が必要になります。

① 規則変更の手続
② 所轄庁へ規則変更の認証申請
③ 認証書交付後2週間以内（従たる事務所3週間以内）に変更登記
④ 変更登記後，所轄庁へ届出
⑤ 事業が法人税法上の収益事業に該当すれば，開始後2カ月以内に，次の書類を所轄税務署長へ提出

㋑　収益事業開始届出書

㋺　青色申告の承認申請書

㋩　減価償却資産の償却方法の届出書

㋥　棚卸資産の評価方法の届出書

㋭　給与支払事務所等の開設等の届出書

㋬　源泉所得税の納期の特例の承認に関する申請書（給与所得者10人未満の場合）

4　区分経理

税務上の収益事業を営んでいる場合，収益事業から生ずる所得に関する経理と収益事業以外の事業から生ずる所得に関する経理とを区分して行なわねばならず，この場合の所得に関する経理とは，単に収益及び費用に関する経理のみでなく，資産及び負債に関する経理も含みます。

また，区分経理の方法として収益事業並びに収益事業以外の事業に直接要した費用については，各々の費用として直接経理し，共通経費については，資産の使用割合や収入金額の比など合理的な基準により各々の事業に配賦します。

以下に配賦基準の具体例を掲げておきますので，参考にして下さい。

配賦基準	共通経費の例
建物面積	地代家賃，減価償却費，固定資産税
建物容積	水道光熱費
従業員数	福利厚生費，消耗品費
従事割合	給料手当，退職金
資産割合	支払利息

2 法人税

1 所得計算と税額計算

(1) 所得計算の通則

　法人税の課税標準は，法人の各事業年度の所得金額であり，所得金額は，益金の額から損金の額を控除して計算します。

　宗教法人の場合に所得金額は，収益事業に係る益金の額から収益事業に係る損金の額を控除して計算します。

(2) 益金の額

　益金の額とは，別段の定めのあるものを除き，資産の販売，有償又は無償による資産の譲渡又は役務の提供，無償による資産の譲受けで資本等取引以外のものに係る収益の額をいいます。

　宗教法人の益金の額は，資本の元入に当たる非収益部門からの振替えや基本財産等非収益部門として受入れる寄付金を除き，収益事業として行なう資産の販売，有償又は無償による資産の譲渡又は役務の提供，収益事業に関して受入れる無償による資産の譲受けその他の取引に係るその事業年度の収益の額をいいます。

　また，収益事業を営む宗教法人が，国，地方公共団体等から交付を受ける補助金，助成金等の額について，以下のような取扱いになります。

① 収益事業用の固定資産の取得又は改良に充当するために交付された補助金等は，収益事業に係る益金の額に算入しません。

② 収益事業に係る収入又は経費を補助するために交付された補助金等は，収益事業に係る益金の額に算入します。

(3) 損金の額

　損金の額とは，別段の定めのあるものを除き，収益に係る売上原価の額，販売費及び一般管理費その他の費用の額及び損失の額で資本等取引以外の取引に係るものをいいます。

(4) 企業利益と課税所得

　企業利益と課税所得とは，企業会計と税務の目的の相違から，必ずしも一致するものではなく，いわゆる企業会計上の当期利益から出発して，税務上の調整が加えられ所得金額が計算されます。

(5) 税額計算

　法人税額の計算は，所得金額を基礎とし，それに税額控除等の調整を行い，最後に税率を乗じて計算を行います。

　税率は19％（所得金額800万円までは15％）です。

　また，平成26年10月１日以降開始事業年度から，法人税の納税義務のある法人は，地方法人税を納める義務があります。

　この税額は，各事業年度の課税標準法人税額に4.4％の税率を乗じた金額です。そして，これは，平成31年10月１日以後に開始する事業年度から廃止され，法人事業税に復元されます。

(6) 申　　告

　宗教法人の法人税の申告は，中間申告の必要はなく，年１回の確定申告のみで，各事業年度終了の日の翌日から２カ月以内に，所轄税務署長に申告書を提出して行います。

2 役員給与

(1) 役員の範囲

① 通常の役員

　法人税法上の役員は，法人の取締役，監査役，理事，監事及び清算人並びにこれら以外の者で法人の経営に従事している者で一定の者をいうため，宗教法人については，代表役員は当然役員に含まれることになりますが，責任役員は，税法上の役員に含まれないことがあります。

② みなし役員

　宗教法人でも役員賞与が損金不算入のため，代表役員の妻等を実質上経営に従事しているのにもかかわらず，役員から外すようなことをすることが考えられます。

　税法は，実質所得者課税を採っているため，宗教法人内で役員の地位になくても，その法人内における実質的な地位やその行なう職務等からみて，他の役員と同様に実質的に法人の経営に従事していると認められる場合には，これらの者も役員とみなして取り扱うこととしています。

③ 使用人兼務役員

　宗教法人の役員の中には，役員と同時に使用人としての地位を有し職務を行なっている者があり，このような役員を使用人兼務役員といいますが，税法上役員が使用人兼務役員になるためには，以下の3つの要件を全て満たさなければなりません。

　㈦　理事長，専務理事，常務理事，理事のうち代表権を有するもの，監事，清算人その他これらの者に準ずる役員に該当しないこと

　㈺　使用人としての職制上の地位（例えば理事兼事務長等）を有すること

　㈥　常時，実際に使用人としての職務に従事する者であること

(2) 役員報酬
① 意　　義

　役員報酬とは，役員に対する給与のうち賞与及び退職給与以外のもので定期に支給されるものをいいます。

　この役員報酬の中には，債務免除による利益その他の経済的な利益の額で定期に支給されるものも含まれます。

　さて，役員報酬として損金にできるものは，前出の定期同額給与の他，①事前確定届出給与（あらかじめ所定の時期に一定額を支給するものとして税務署に届出たもの）と，②業績連動給与（有価証券報告書に記載される指標などをもとに算定されたもの）があります。

　また，従前は，毎月の役員報酬の額面が一定金額のもののみが定期同額給与と認められていましたが，近年の改正により，手取額（源泉徴収等をした後の金額）が一定であれば，定期同額給与と認められるようになりました。

　さらに，インセンティブ報酬についても，一定要件を満たせば，損金算入できることになりました。

　なお，損金算入にあたっては，損金経理が要件となっています。

② 損金不算入額

　法人税法上，役員報酬額のうち不相当に高額な部分の金額は，損金不算入になっており，その判定は次の形式基準と実質基準のうちいずれか多い方によります。

　なお，収益事業を行っていない宗教法人については，役員報酬の損金不算入の問題は通常生じません。

　1）　形 式 基 準

　規則又は総代会の決議に基づき報酬の支給限度額を定めている場合，その支給限度額を超える部分の金額が，過大役員報酬と判定されます。

　2）　実 質 基 準

　役員報酬の額が，その役員の職務の内容や，従事年数，その法人の収益状況や規模，使用人に対する給与の支給状況，その法人と規模や収益状況が類似す

る法人の役員報酬の支給状況等に照らして，その役員の職務対価として相当と認められる金額を超える部分の金額が過大役員報酬と判定されます。

(3) 役員賞与
① 意　　義
　役員賞与とは，役員に対する臨時的な給与のうち，退職給与以外のものをいいます。
　この役員賞与の中には，債務免除による利益その他の経済的な利益の額も含まれます。
② 取　扱　い
　1）　通常の役員賞与
　役員と法人の関係は委任関係という特殊な立場にあるところから，役員賞与についても役員が委任された業務遂行の結果から創り出された出資者に帰属する利益について，出資者の了解に基づき褒賞として分与されるものであるとする立場から，全額損金不算入とされていました。
　2）　使用人兼務役員の使用人分賞与
　使用人兼務役員は，使用人としての地位と役員としての地位の両方を持っている特殊な立場から，その使用人の職務に対して支給した賞与のうち他の使用人に対する賞与の支給状況等に照らして，賞与として相当と認められる部分の金額は損金の額に算入されます。

(4) 役員退職給与
① 意　　義
　役員退職給与とは，役員に対して退職を基因として支払う臨時の給与をいいます。
　具体的には，退職手当金，一時恩給その他退職により一時に受ける給与等をいいますが，遺族手当，葬祭料，香典といったものは含まれません。

② **損金算入額**

役員退職給与についてはその費用的性格概念が明確でないところから，法人がその支出事業年度に損金経理した金額のうち，不相当に高額と認められる部分以外の金額のみが損金の額に算入されます。

以上より役員給与の取扱いをまとめてみますと，以下のようになります。また，これらの取扱いの対象は，宗教法人にあっては，収益事業に係るものに限られます。

	通常の役員（みなし役員含む）	使用人兼務役員
報　酬	適正額損金算入	同　　左
賞　与	原則として全額損金不算入	使用人分で適正額損金算入
退職給与	損金経理した金額のうち適正額損金算入	同　　左

3　寄　付　金

(1) 範　　囲

寄付金の額は，寄付金・拠出金・見舞金その他いずれの名義をもってするかを問わず，法人が金銭その他の資産又は経済的利益の贈与又は無償の供与（交際費等となるものは除く）をした場合のその供与時の価額とされています。この中には，低額譲渡など実質的に贈与したものも含まれます。

また，利益処分をしたものや未払いのものは，支出寄付金に含まれません。

(2) みなし寄付金

宗教法人が収益事業に属する資産のうちから非収益事業のために支出した金額は，その収益事業に係る寄付金の額とみなされます。

具体例として，①収益事業から非収益事業に対して助成金支出のための金銭を支出した場合，②収益事業から非収益事業のための固定資産取得のための金銭を支出した場合などがあります。

(3) 損金算入限度額

宗教法人の寄付金の損金算入限度額は，試験研究法人等に対するものについて特例の適用はなく，国又は地方公共団体に対する寄付金及び指定寄付金の特例のみ適用があり，以下の①と②の合計額が，損金算入限度額となります。

① 寄付金支出前の所得金額 $\times \dfrac{20}{100}$ （社会福祉法人・学校法人等については $\dfrac{50}{100}$ 相当額又は年200万円のうちいずれか大きい方）

② 国又は地方公共団体への寄付金，指定寄付金額（収益事業に係るもののみ対象）

4 交 際 費

(1) 範　　囲

交際費とは，得意先，仕入先，その他事業に関係のある者に対する交際費，接待費，機密費その他の費用で，これらの者に対する接待，供応，慰安，贈答その他これらに類する行為のために支出した費用をいい，特に給与，福利厚生費，寄付金など隣接費との区分が重要となり，また，収益事業以外の部門の交際費の支出は当然問題になりません。

(2) 損金算入限度額

宗教法人の交際費の損金算入限度額の計算に当たっては，まず，①により資本金の額に相当する額を求めて，それを②の区分にあてはめ次の算式により求めます。

損金算入限度額＝支出交際費の額－損金不算入額

① **宗教法人における資本の額**

　㋑　資本又は出資のある宗教法人

　　　資本又は出資の金額 $\times \dfrac{\text{収益事業の資産価額}}{\text{総資産価額}}$

　㋺　資本又は出資のない宗教法人

　　　純資産の帳簿価額 $\times 60\% \times \dfrac{\text{収益事業の資産価額}}{\text{総資産価額}}$

② 損金不算入額

事業年度末資本又は出資金額	損 金 不 算 入 額
1億円以下	接待飲食費の50％又は年間800万円を超える金額
1億円超	接待飲食費の50％

(3) 隣接費との区分

① 給与との区分

代表役員等に対して交際費等の名目で渡し切り支給されるものは役員給与とされます。

また，常時支給される昼食等の費用も給与とされます。

② 福利厚生費との区分

法人間で支出されるもので，創立記念日等の時に役員等におおむね一律に提供される通常の飲食費や法人の親族に対する慶弔費等は福利厚生費とされます。

③ 寄付金との区分

金銭を贈与した場合に事業と直接関係のある者か否かにより交際費又は寄付金となります。

④ 加入金，会費等との区分

以下の表のように区分されます。

		レジャークラブ	ゴルフクラブ	社交団体	ロータリークラブ ライオンズクラブ
入会金	個人会員	給　　　与	給　　　与	給　　　与	交　際　費
	法人会員	資　　　産	資　　　産	交　際　費	
会費等	入会金が給与の時	使途に応じて交際費，福利厚生費，給与に区分	給　　　与	給　　　与	交　際　費
	その他		交　際　費	交　際　費	
その他費用	業務遂行上必要		交　際　費	交　際　費	支出目的に応じて交際費，寄付金に区分
	その他		給　　　与	給　　　与	

5 使途秘匿金

　宗教法人においても，使途秘匿金については，通常の法人税課税に加え，その支出額の40％相当額が法人税額に加算されます。欠損法人でも，使途秘匿金があれば課税されます。

　ここで，使途秘匿金とは，金銭の支出のうち，相当の理由がなく，その相手方の氏名又は名称及び住所又は所在地並びにその事由をその法人の帳簿書類に記載していないものをいいます。

6 租税公課

(1) 概　　要

　宗教法人についても収益事業を営む場合には，法人税の納税義務を一般の営利法人と同様に負い，その行なう収益事業に係る所得については法人税の他に都道府県民税及び市町村民税が，当該収益事業に係る固定資産については固定資産税が，当該収益事業については事業税が，それぞれ課税されます。

(2) 取扱い

　法人税法上の租税公課の取扱いは，以下のとおりです。

税　　　目		損　金	損金計上不可
法人税	下　記　以　外		○
	還付加算金の返納額	○	
延滞税等の附帯税			○
都道府県民税，市町村民税			○
地方税の延滞金等	下　記　以　外		○
	納期限の延長に係る延滞金	○	
罰　科　金			○
源泉所得税	税額控除を選択しなかった所得税	○	
	法人税額から控除される所得税		○

事業税	前期確定,当期中間分		○	
	当期確定分			○ (翌期損金)
その他（消費税，地価税，固定資産税など）			○	

7 保険料

宗教法人が契約者となり，収益事業に従事している代表役員等又は使用人を被保険者とした場合には，保険の種類や受取人の違いによって，以下のように取り扱われます。

種類	受取人	保険料の取扱い
養老保険	法人	全額資産計上
	被保険者又は遺族	給与
	満期保険金……法人	½資産計上
	死亡保険金……遺族	½損金
定期保険	法人	全額損金
	被保険者の遺族	全額損金
養老保険付定期	保険料が養老保険料と定期保険料とに区分されている場合	養老保険料部分……養老保険の取扱い 定期保険料部分……定期保険の取扱い
	保険料が区分されていない場合	全て養老保険の取扱い
長期平準払定期保険	法人	(加入時の年齢＋保険期間の年数×2)＞105の場合 　㋑　保険期間の6割経過時 　　　½資産計上 　　　½損金算入 　㋺　保険期間の6割経過後 　　　全額損金 上記以外の場合全額損金
	被保険者の遺族	給与
個人年金保険	死亡給付金，年金いずれも法人	資産計上
	死亡給付金，年金いずれも被保険者の遺族	給与
	死亡給付金……被保険者の遺族 年金……法人	90%　資産計上 10%　時の経過に応じ損金算入

8 貸倒損失

(1) 概　　要

宗教法人の有する収益事業に係る未収入金や貸付金について，所定の場合，貸倒処理ができます。

(2) 未収入金について

債務者について以下の事実が生じた場合には，その債務者に対して有する売掛債権（未収入金）について，1円の備忘価額を残してその他を貸倒処理できます。

① 債務者との取引停止時以後1年以上経過した場合（担保物のある場合を除く）
② 法人が同一地域の債務者について有する売掛債権の総額がその取立てのために要する旅費その他の費用に満たない場合，その債務者に対して，支払いを督促したにもかかわらず弁済がない時

(3) 貸付金について

債務者の債務超過の状態が相当期間継続し，その貸付金の弁済を受けることができないと認められる場合において，その債務免除額を債務者に対して書面で明らかにした時には，貸付金の一部切捨処理が認められます。

さらに，その債務者の資産状況，支払能力等からみてその全額が回収できないことが明らかになった場合，その事業年度に担保物処分後に貸付金の全額を貸倒れとして損金経理した時は，その経理は認められます。

9 リース取引

(1) 意　　義

リース取引とは，税務上，リース期間が定められており，リース会社がその期間中に物件代金やこれに付随する諸費用一切をほぼ全額回収し，リース期間

中の解約が原則的に禁止されているものをいい，宗教法人の場合，収益事業に係るリース料については，以下のように取り扱われます。

(2) 取扱い

通常，リース料全額が損金算入されますが，売買とみなされるリース取引など特別なものについては，一般の場合の取扱いと同じでは不公平となるので，特別の取扱いが定められています。

10 固定資産と減価償却

(1) 固定資産について

① 範　囲

固定資産とは，たな卸資産，有価証券及び繰延資産以外の資産のうち，次に掲げるものをいいます。

- ㈑　土　地（土地の上に存する権利を含む）
- ㈠　減価償却資産
- ㈨　電話加入権その他

② 減価償却資産

減価償却資産とは，次に掲げるものをいいます。

- ㈑　建　物
- ㈠　建物附属設備
- ㈨　構築物
- ㈥　機械及び装置
- ㈭　車両及び運搬具
- ㈮　器具及び備品
- ㈷　無形減価償却資産
- ㈹　生　物

③ 少額減価償却資産

取得価額が10万円未満又は使用可能期間が1年未満の減価償却資産について，

一時に全額損金経理することが認められています。

取得価額が20万円未満の資産については，事業年度ごとに一括して3年間で償却できます。

一定の青色申告法人については，30万円未満のものにつき，300万円を限度に即時償却できます。

④ **取 得 価 額**

購入した減価償却資産の取得価額は，その購入代価に取引運賃等の付随費用を加算した金額によります。

ただし，固定資産取得のための借入金利息は，取得価額算入又は損金経理のいずれか法人の選択に委ねられています。

また，土地建物一括取得の場合は，合理的な基準によって按分計算の必要があります。

(2) **減価償却について**

① **意　　義**

減価償却とは，減価償却資産について，その取得価額を使用可能期間に費用として配分する手続をいいます。

法人税法上の特徴としては，①任意償却で損金経理を要求していること，②償却費の最高限度額を設けていること，③償却方法も定型化していること，④特別償却を認めていること等が挙げられます。

また，宗教法人でその減価償却資産を収益事業以外の事業と共用しているような場合には，償却費を按分しなければならず注意が必要です。

② **償 却 方 法**

(イ) 定額法……償却限度額＝（取得価額－残存価額$^{(注1)}$）×償却率

(ロ) 定率法……償却限度額＝（取得価額－償却累計額）×償却率$^{(注2)}$

(ハ) その他……生産高比例法，取替法など

（注1） 残存価額は有形減価償却資産については取得価額の10％，無形減価償却資産はゼロ

(注2) 定率法の償却率は，原則定額法の償却率の2.5倍になりました。
　　　　なお，平成24年4月1日以後取得分についての償却率は，定額法の償却率の2倍になります。

Ⓐ　平成19年4月1日以後に取得をされた減価償却資産

償却可能限度額（取得価額の95％相当額）及び残存価額が廃止され，耐用年数経過時点に「残存簿価1円」まで償却できるようになりました。

Ⓑ　平成19年3月31日以前に取得をされた減価償却資産

従前の償却方法については，その計算の仕組みが維持されつつ，その名称が旧定額法，旧定率法等と改められた上，前事業年度までの各事業年度においてした償却費の累積額が，原則として，取得価額の95％相当額（従前の償却可能限度額）まで到達している減価償却資産については，その到達した事業年度の翌事業年度（平成19年4月1日以後に開始する事業年度に限られます）以後において，次の算式により計算した金額を償却限度額として償却を行い，残存簿価1円まで償却できるようになりました。

$$償却限度額 = \left(取得価額 - 取得価額の95％相当額 - 1円\right) \times \frac{償却を行う事業年度の月数}{60}$$

③　償却方法の届出及び変更

新設宗教法人で法定償却方法以外の方法を選択する場合は，設立日の属する事業年度の確定申告書の提出期限までに選定した償却方法を所轄税務署長に届け出なければならず，償却方法を変更する場合には，事業年度開始の日の前日までに所轄税務署長に届け出て，承認を受けなければなりません。

④　法定償却方法

宗教法人が償却方法の届け出をしなかった場合には，建物については定額法，鉱業用減価償却資産については生産高比例法（注），それ以外のものについては定率で償却計算をしなければなりません。

　　（注）　鉱業用減価償却資産のうち建物，建物附属設備，構築物については定率法廃止

⑤　期中取得資産の償却限度額

$$償却限度額 = 年間限度償却額 \times \frac{事業供用月数}{12}$$

⑥ 中古資産の耐用年数
1) 原　則……見積残存耐用年数
2) 簡便法
　イ　法定耐用年数の全部経過の場合
　　　法定耐用年数×20％
　ロ　法定耐用年数の一部経過の場合
　　　（法定耐用年数－経過年数）＋経過年数×20％
　　　（注）　1年未満の端数は切捨，2年未満は2年とする。

⑦ 償却可能限度額
1) 有形減価償却資産……取得価額の95％　（平成19年4月1日以後取得のものは備忘価額1円まで償却可能）
2) 無形減価償却資産……取得価額全部

⑧ 資本的支出
固定資産取得後に以下のような支出をして，その価値が増加した場合や耐用年数が延長される場合には，一定の金額を資本的支出として取得価額に加えなければなりません。
　イ　建物の避難階段の取付等物理的に付加した部分に係る費用の額
　ロ　用途変更のための模様替え等改造又は改装に直接要した費用の額

11　貸倒引当金

(1)　概　　要

宗教法人の収益事業に係る貸金について実際の貸倒は稀であっても，青色・白色を問わず，損金経理を要件として，将来の貸倒による損失に備えるため，一定率までの貸倒引当金の設定が認められます。

(2)　貸金の範囲

以下のものが該当します。

① 売掛金
② 未収入金
③ 貸付金
④ 未収の損害賠償金，保証債務の求償権等
　(注)　預貯金の未収利子，前払給料，概算払旅費などは含まれません。

(3)　繰入限度額

貸倒引当金の繰入限度額の計算は，次の貸倒実績率による方法（原則法）と法定繰入率による方法（特例法）のいずれか大きい方によります。

① 貸倒実績率による方法（原則法）

$$期末貸金の額 \times \frac{分母の各事業年度における貸倒損失の合計額 \times \frac{12}{左の各事業年度の月数の合計額}}{当該事業年度開始の日前3年以内に開始した各事業年度の期末貸金額の合計額} \div 左各事業年度の数$$

＝繰入限度額（小数点以下4位未満切上げ）

② 法定繰入率による方法（特例法）

宗教法人などの公益法人等で，資本又は出資金額が1億円以下のものについては，①に代えて以下の算式によって，繰入限度額を計算することができます。

$$繰入限度額 = \left(期末一括評価金銭債権の帳簿価額 - 実質的に債権とみられない金額 \right) \times 法定繰入率_{(注)}$$

(注)　法定繰入率は下表のとおりです。

卸売業及び小売業（飲食店業及び料理店業を含みます）	製造業	金融業及び保険業	割賦販売小売業並びに包括信用購入あっせん業及び個別信用購入あっせん業	その他
$\frac{10}{1,000}$	$\frac{8}{1,000}$	$\frac{3}{1,000}$	$\frac{13}{1,000}$	$\frac{6}{1,000}$

③ 特　例

資本又は出資金額1億円以下の宗教法人や資本金額を有しない宗教法人の繰入限度額は，上記①と②いずれかの金額に10％（平成31年3月31日までの間に開始する事業年度）の割増ができます。

12　繰越欠損金

(1)　概　　要

　宗教法人の収益事業に係る所得計算も一般営利法人と同様に原則として各事業年度ごとに期間を区切って計算されるため，当期以前の事業年度において欠損金額があっても，その後の事業年度の所得計算との通算はできませんが，以下のような場合にはこうした通算が認められています。

(2)　青色年度の欠損金の繰越控除

　確定申告書を提出する宗教法人の各事業年度開始の日前7年又は9年又は10年以内に開始した事業年度において生じた欠損金額があり，かつ，以下の①と②の要件を満たした場合には，その欠損金額に相当する金額は，7年間（平成20年4月1日以降開始事業年度に生じた欠損金は9年間，平成29年4月1日以後開始のものは10年間）繰り越してその各事業年度の所得の金額の計算上，損金の額に算入されます。

①　欠損金額発生事業年度に青色申告書である確定申告書を提出していること

②　その後の事業年度において連続して確定申告書（青色・白色は問わない）を提出していること

　なお，下記(3)の災害損失金の繰越控除も同様ですが，中小法人等以外の法人の繰越控除限度額は，平成24年以降は所得の80％，平成27年以降は所得の65％，平成29年以降は所得の50％に各々制限されます。

(3)　災害損失金の繰越控除

　確定申告書を提出する宗教法人の各事業年度開始の日前5年以内に開始した事業年度（青色申告は要件でない）に生じた欠損金額のうち，震災，風水害，火災等により，棚卸資産，固定資産等について生じた損失に係るもので，災害による繰越欠損金とされる一定の欠損金額は，7年間（平成20年4月1日以降開始

事業年度に生じた欠損金は9年間，平成30年4月1日以後開始のものは10年間）繰り越してその各事業年度の所得の金額の計算上，損金の額に算入されます。

(4) 欠損金の繰戻し還付

　宗教法人を含む中小法人等の平成21年2月1日以後に終了する各事業年度において生じた欠損金額については，次の算式により計算した金額を，欠損金の繰戻しによる還付ができるようになりました。

　ただし，この制度は，中小企業者を除き，平成32年3月31日までに終了する事業年度の欠損金額について運用が停止されています。

$$還付所得事業年度の法人税額 \times \frac{欠損事業年度の欠損金額}{還付所得事業年度の所得金額}$$

3 消費税

1 概　要

　宗教法人の場合も基準期間の課税売上高を調べ，1,000万円を超えていれば消費税の課税業者となります。

　消費税については，収益事業以外のものでも課税されることもあり，課否の区分は消費税独自の基準で決定されますが，公益法人についてはその資産の譲渡や役務の提供について非課税取引が多いということはいえましょう。

2 課税取引

(1) 国内取引
国内取引の課税対象は，以下の全ての要件に該当する取引をいいます。
① 資産の譲渡，資産の貸付け及び役務の提供であること
② 国内において行なうものであること
③ 事業者が事業として行なうものであること
④ 対価を得て行なうものであること

(2) 輸入取引
保税地域から引き取られる外国貨物に対して課税されます。

3 非課税取引

(1) 性格上課税対象とならないもの
① 土地等の譲渡及び貸付け（一時的使用を除く）
② 有価証券や支払手段等の譲渡
③ 貸付金の利子を対価とする資産の貸付け等の金融取引及び保険料を対価

とする役務の提供
④　国及び地方公共団体の行なう行政サービス
⑤　物品切手等の譲渡
⑥　国際郵便為替及び外国為替取引等

　(2)　特別の政策的配慮によるもの
①　健康保険法等の医療保険各法，老人保健法，生活保護法，公害健康被害の補償等に関する法律又は労働者災害補償保険法に基づいて行なわれる医療の給付等
②　社会福祉事業法に規定する第一種社会福祉事業及び児童福祉法に規定する保育所又は助産施設を経営する事業として行なわれる資産の譲渡等
③　学校の授業料，入学検定料，入学金等

4　不課税取引

不課税取引とは，課税取引の中に入っていない取引のことで，例えば，国等から交付される補助金，対価性のない会費，寄付金といったものがこれに該当します。

非課税取引との相違については，課税売上割合の計算に当たって非課税売上は含まれますが，不課税取引に係る収入は除外されます。

なお，宗教法人の営む主な事業，資産貸付と消費税の課否は，次頁の表のとおりです。

内　　容	判　　定		
	課　税	非課税	不課税
葬儀，法要等の収入（戒名料，お布施など）			○
絵業者，写真帳，暦などの販売	○		
お守り，お札，おみくじ等の販売			○
永代使用料を受領して行なう墳墓地の貸付け		○	
土地や建物の貸付け			
① 住宅		○	
② 建物	○		
③ 土地		○	
駐車場経営	○		
宿泊施設の提供（１泊２食，1,500円以下）			○
神前結婚，仏前結婚の挙式等			
① 挙式を行なう行為で本来の宗教活動の一部			○
② 挙式後の披露宴における飲食物の提供	○		
③ 挙式のための衣裳その他物品の貸付け	○		
常設博物館等における所蔵品の観覧	○		
新聞，雑誌等の出版，販売	○		
茶道，生花等の教授	○		
拝観料（博物館で対価を取る場合）	○		
幼稚園の経営			
① 保育料，入園料，入園検定料，施設設備費		○	
② 給食費	○		
③ 制服や文具などの販売	○		
会報，機関誌の発行			
① 会員等には無償配付			○
② ①以外	○		
寄付金，祝金，見舞金等			
① 実質的に資産の譲渡対価を構成	○		
② ①以外			○
補助金等収入			○
負担金収入			○
基本財産収入		○	
借入金収入			○
固定資産売却収入			
① 土地，借地権，投資有価証券売却収入		○	
② ①以外	○		
敷金・保証金戻り収入			○
雑収入			
① 受取利息収入		○	
② 受取配当金収入			○
③ ①及び②以外	○		

また，次の支出については，仕入控除はできません。
① 通勤手当以外の人件費
② 法定福利費
③ 海外での諸経費
④ 支払地代
⑤ 保険料
⑥ 租税公課
⑦ 寄付金，助成金
⑧ 罰金，損害賠償金
⑨ 支払利息
⑩ 土地，借地権，投資有価証券購入支出
⑪ 敷金・保証金支出
⑫ 借入金返済支出
⑬ 特定預金支出
⑭ 繰入金支出

5　納税義務者及び税率

　消費税の納税義務者は，基準期間（宗教法人は前々事業年度）の課税売上高が1,000万円超の事業者で，税率は8％です。税率については，平成31年10月1日以後のものについては10％になる予定で，同時に8％の軽減税率が一部のものに適用される予定です。

　なお，平成25年1月1日以後に開始する事業年度から前年の上半期の売上高が1,000万円超の場合，翌課税期間から課税事業者となる場合があります。

6　税額計算の原則

(1)　概　　要

　宗教法人も基準期間の課税売上高が5,000万円を超えれば，当然原則的な税額計算の算式（納付税額＝課税売上に係る消費税額－課税仕入に係る消費税額）によ

ります。

　さらに，宗教法人は，消費税法上，別表第三に掲げる法人であるため，資産の譲渡対価以外の収入である特定収入の割合が5％超であれば，次のような非常に複雑な計算によって消費税の計算をしなければなりません。

(2) 税額計算に必要な用語の説明

用　　　語	説　　　明
収　入　区　分	収入 ─┬─ (A)資産の譲渡等の対価 ─┬─ 非課税売上 　　　　　　　　　　　　　　　└─ 課税売上 　　　└─ 不課税収入 ─┬─ 特定収入 ─┬─ • 法令等において課税売上のみ使用される課税仕入等に充てられる明確な特定収入（A特定収入） 　　　　　　　　　　　　　　　　　　　　　├─ • 法令等において課税売上の非課税売上に共通して使用される課税仕入等に充てられる明確な特定収入（B特定収入） 　　　　　　　　　　　　　　　　　　　　　└─ • 使途不特定の特定収入（C特定収入） 　　　　　　　　　　　└─ 特定収入以外の収入
特　定　収　入	資産の譲渡等の場合に対価性のない以下のような収入 ①　補助金等の収入 ②　寄付金収入 ③　保険金，配当金収入 ④　一般会費収入 ⑤　他会計からの繰入収入

特定収入割合	特定収入割合 = $\dfrac{\text{特定収入}}{\text{税抜課税売上高} + \text{非課税売上高} + \text{特定収入}}$
課税売上割合	課税売上割合 = $\dfrac{\text{税抜課税売上高}}{\text{税抜課税売上高} + \text{非課税売上高}}$
調整割合	調整割合 = $\dfrac{\text{C特定収入}}{\text{税抜総売上高} + \text{C特定収入}}$
通算調整割合	通算課税期間（その課税期間を含む過去3年間）において，次の計算式により算出した割合 通算調整割合 = $\dfrac{\text{通算課税期間のC特定収入}}{\text{通算課税期間の税抜総売上高} + \text{通算課税期間のC特定収入}}$
個別対応方式	課税期間における課税仕入高に含まれる消費税額を， ① 課税資産の譲渡等にのみ要するもの ② 課税資産の譲渡等以外の資産の譲渡等にのみ要するもの ③ 課税資産の譲渡等と課税資産の譲渡等以外の資産の譲渡等に共通して要するもの に合理的に区分したうえ，以下の算式により計算した金額を課税売上に係る消費税額から控除する方式です。 控除消費税額＝①に対する消費税額＋③に対する消費税額×課税売上割合
一括比例配分方式	以下の算式により計算した金額を課税売上に係る消費税額から控除する方式です。 控除消費税額＝課税仕入に係る消費税額×課税売上割合

(3) 課税仕入に係る消費税額（仕入税額控除額）の特例計算

場　　合	仕 入 税 額 控 除 額 の 計 算
特定収入割合が5％超かつ課税売上割合が95％以上	① （A特定収入＋B特定収入）×$\dfrac{8}{108}$ ② （通常の仕入税額控除額－①）×調整割合 ③ 仕入税額控除額＝通常の仕入税額控除額－①－②
特定収入割合が5％超かつ課税売上割合が95％未満で個別対応方式の場合	① A特定収入×$\dfrac{8}{108}$ ② B特定収入×$\dfrac{8}{108}$×課税売上割合 ③ （課税売上に対応する課税仕入に係る消費税＋課税・非課税売上に共通する課税仕入に係る消費税×課税売上割合－①－②）×調整割合 ④ 仕入税額控除額＝通常の仕入税額控除額－①－②－③
特定収入割合が5％超かつ課税売上割合が95％未満で一括比例配分方式の場合	① A特定収入×$\dfrac{8}{108}$×課税売上割合 ② （通常の仕入税額控除額×課税売上割合－①）×調整割合 ③ 仕入税額控除額＝通常の仕入税額控除額×課税売上割合－①－②
調整割合と通算調整割合との差が20％以上の場合	ⓐ＝通算課税期間において，特定収入があることにより制限された仕入税額控除合計額 ⓑ＝通算課税期間の各期間について，調整割合でなく通算調整割合を用いて特定収入があることにより制限された仕入税額控除合計額 ① ⓐ＞ⓑの場合 　　仕入税額控除額＝通常の仕入税額控除額－特定収入があることにより制限される仕入税額控除額 　　　　　　　　　－(ⓐ－ⓑ) ② ⓐ＜ⓑの場合 　　仕入税額控除額＝通常の仕入税額控除額－特定収入があることにより制限される仕入税額控除額 　　　　　　　　　－(ⓑ－ⓐ)

7　簡易課税制度

簡易課税制度とは，基準期間の課税売上高（税抜）が5,000万円以下の事業者についての簡便計算で，その方法は以下のとおりです。

業　　種	みなし仕入率
卸　売　業	90%
小　売　業	80%
製　造　業　等	70%
そ　の　他	60%
サービス業等	50%
不　動　産　業	40%

納付税額＝課税売上高×$\dfrac{100}{108}$×8％－課税売上高×$\dfrac{100}{108}$×8％×みなし仕入率

8　特別会計を有する場合の取扱い

特別会計は独立会計単位であり，一般会計や他の特別会計とは区別して経理する必要がありますが，消費税法上宗教法人に対しては，その会計単位は考慮せず，一法人一事業として課されます。

また，以下のことに留意して下さい。

① 会計単位ごとの税抜方式・税込方式の選択はできません。
② 納付又は還付消費税の会計処理は，原則として発生原因別に一般会計と特別会計とに按分処理します。
③ 課税売上割合による仕入税額控除計算を行なう場合で，個別対応方式の場合，一般会計や特別会計の会計単位を実態に則して，個別対応の単位として考えることができます。

9 経理方法

消費税の経理方法として，①消費税の金額を含めて経理する税込経理方式と，②消費税を含めないで区分して経理する税抜経理方式があり，次の設例を参考に両者の違いを理解して下さい。

設例	税込経理方式		税抜経理方式	
	借 方	貸 方	借 方	貸 方
商品￥32,400（税込）を掛で仕入れた	仕 入 32,400	買 掛 金 32,400	仕 入 30,000 仮払消費税 2,400	買 掛 金 32,400
商品￥54,000を掛で売上げた	売 掛 金 54,000	売 上 54,000	売 掛 金 54,000	売 上 50,000 仮受消費税 4,000
消耗品￥1,080を現金で購入した	消耗品費 1,080	現 金 1,080	消耗品費 1,000 仮払消費税 80	現 金 1,080
消費税額￥1,520を現金で納付した	公租公課 1,520	現 金 1,520	仮受消費税 4,000	仮払消費税 （注） 2,480 現 金 1,520

（注）　仮払消費税＝2,400＋80＝2,480

10　申　告　等

　宗教法人も各事業年度終了の日の翌日から２カ月以内に確定申告をしなければなりません。

　また，前課税期間の納付税額が48万円超の場合には，中間申告もしなければなりません。そして，直前課税期間年税額4,800万円超の事業者については，原則前年確定税額の12分の１を毎月納付しなければなりません。

　また，届出書を提出すれば，中間申告義務のない事業者であっても，中間申告・納付できるようになりました。

　なお，次のような事項が生じたら，各々次の届出が必要となります。

届出が必要な場合	届出書名	提出期限等
免税事業者が課税事業者になることを選択しようとするとき	消費税課税事業者選択届出書	選択しようとする課税期間の初日の前日まで
課税事業者を選択していた事業者が課税事業者の選択をやめようとするとき	消費税課税事業者選択不適用届出書	選択をやめようとする課税期間の初日の前日まで
簡易課税制度を選択しようとするとき	消費税簡易課税制度選択届出書	選択しようとする課税期間の初日の前日まで
簡易課税制度の選択をやめようとするとき	消費税簡易課税制度選択不適用届出書	選択をやめようとする課税期間の初日の前日まで
課税期間の特例（短縮）を選択しようとするとき	消費税課税期間特例選択届出書	特例（短縮）に係る課税期間の初日の前日まで
課税期間の特例（短縮）の適用をやめようとするとき	消費税課税期間特例選択不適用届出書	適用をやめようとする課税期間の初日の前日まで

4　所得税の源泉徴収義務

1　概　　要

　宗教法人が，代表役員等に対して給与や退職金を支払った場合や顧問税理士に報酬を支払った場合などには，所得税を源泉徴収し国に納付しなければならず，以下のものが対象となる所得です。
　①　給与所得
　②　退職所得
　③　公的年金等
　④　報酬・料金

2　給与支払者の事務手続

　給与支払者は，源泉徴収義務発生後１カ月以内に「給与支払事務所等の開設届出書」を所轄税務署長に提出し，給与所得・退職所得の受給者１人ごとに毎年１人別徴収簿を作成し，納付については，徴収高計算書に納付税額等を記入し，徴収税額を原則として翌月10日までに納付しなければなりません。
　ただし，給与所得者が10名未満の場合，選択によりあらかじめ税務署長に対して「源泉所得税納期特例の承認申請書」を提出しておけば，７月10日と翌年１月20日までの年２回納付で済みます。

3　給与受給者の事務手続

　給与受給者は，扶養控除等申告書に扶養家族等を記載し，その年の最初の給与等の支払をする日の前日までに，給与支払者に提出しなければなりません。

4　年末調整

年末調整とは，1年間の給与総額が確定する年末に，その年の納付すべき税額を計算し，源泉徴収税額との過不足を精算する手続をいいますが，以下の人は年末調整の対象になりません。

① 給与等の金額が2,000万円超の人
② 2カ所以上より一定金額以上の支給を受けている人
③ 年の中途で退職した人
④ 災害により徴収猶予を受けた人
⑤ 日雇労務者
⑥ 非居住者

5　法定調書

給与支払者のうち一定額を超えて支払をした場合，以下の法定調書を作成して，所轄税務署長に提出しなければなりません。

① 給与支払報告書及び給与所得の源泉徴収票
② 退職所得の源泉徴収票
③ 公的年金の支払調書
④ 報酬・料金等の支払調書
⑤ 不動産の使用料等の支払調書及び不動産等の譲受けの対価の支払調書
⑥ 支払調書合計表

6　マイナンバー制度について

平成27年10月にマイナンバーが通知され，平成28年1月からマイナンバー制度が始まりました。

この制度は，行政手続における特定の個人を識別するため，マイナンバー（個人は12桁，法人は13桁）が付され，社会保障，税，災害対策に係るものについて，マイナンバーの申し出・記載が必要となるというものです。

このことにより，税金の申告書のみならず，給与所得の源泉徴収票や支払調書等についてもマイナンバーの記載が必要となり，支払者＝法定調書の税務署への提供者のマイナンバーだけでなく，支払を受ける者のマイナンバーも必要となることから，あらかじめこれらのマイナンバーの収集が必要です。
　さて，マイナンバーの収集にあたって，スムーズに収集できればいいのですが，かたくなにマイナンバー提供を拒む方も見受けられます。
　その場合，以下の形式の申述書を作成しておくことをお勧めします。

平成　年　月　日

＿＿＿＿＿＿＿税務署長　殿

(企業名)＿＿＿＿＿＿
(役職名)＿＿＿＿＿＿
(氏　名)＿＿＿＿＿＿

個人番号情報の提供を受けられなかった経過等に関する申述書

　個人番号情報の提供を受けられませんでしたので，その経過等について申し述べます。

【個人番号情報の提供を受けられなかった者の氏名，住所，連絡先及び属性】

氏　名	
住　所	
連絡先	
属　性	□従業者　□報酬等支払先　□株主　□不動産賃料等支払先 □その他（　　　　　　　　）

【最初に個人番号情報の提供を依頼した日及び依頼の内容等】

年 月 日：平成　　年　　月　　日 依頼文書：(表題) 　　　　　(文面) 　　　　　(送達方法)

【個人番号情報の提供を受けられていない経過及び理由等】

【その後の対応方法】

5 贈与税・相続税

1 個人が宗教法人に生前贈与・遺贈・死因贈与した場合

　個人から宗教法人に贈与した場合に，それが不動産以外の現預金等であれば課税上の問題はありませんが，土地や建物などの不動産等であれば問題があります。

　この場合，贈与者はその資産を時価で譲渡したものとみなされ，その譲渡所得に対して所得税が課税されますが，次の要件を満たし，国税庁長官の承認を受けた場合には，所得税は課税されません。

① 　当該贈与等が，教育又は科学の振興，文化の向上，社会福祉への貢献その他公益の増進に著しく寄与すること

② 　贈与等に係る財産が，その贈与等があった日以後2年以内に，その宗教法人の目的とする公益事業の用に供され又は供される見込みであること

③ 　当該宗教法人に対して贈与等することにより，その贈与者等の所得税の負担を不当に減少させ，又はその贈与者若しくは遺贈者の親族その他これらの者と特別の関係がある者の相続税や贈与税の負担を不当に減少させる結果にならないと認められること

　一方，贈与された方の宗教法人に関しては，原則として課税問題は発生しません。

　しかしながら，贈与者の親族その他特別の関係がある者の相続税や贈与税の負担が，その財産の贈与により不当に減少する結果になると認められる場合には，その贈与を受けた宗教法人は個人とみなされ，贈与税が課税されることがあるため注意が必要です。

2　個人が宗教法人に相続により取得した財産を贈与した場合

相続により取得した個人に対しては，当然に相続税が課されます。

また，その贈与した財産が，不動産等の場合の課税関係は，前記1と同様です。

一方，贈与された方の宗教法人の課税関係は，前記1とまったく同様です。

3　住職の相続と贈与

(1) ポイント

住職もご両親が亡くなれば相続人として相続することがあり，また，自ら亡くなれば被相続人となることもあります。

そこで，ここでは，大切な事項を中心として，簡潔に説明します。

(2) 概　要

相続税は，相続や遺贈などにより財産を取得した個人にかかる税金です。

これをさらに補完する税金として贈与税があります。

相続において法定相続人や法定相続分といったものについては民法に規定されていますが，遺言があればそちらが優先します。

さて，相続税において，課税財産や非課税財産は決まっており，例えば墓地などは非課税財産の典型例です。

また，死亡保険金や死亡退職金は本来の相続財産ではありませんが，相続財産とみなされ，相続財産に加えられます。

(3) 小規模宅地の評価の特例と配偶者の税額軽減

被相続人と一緒に住んでいた被相続人の親族の居住や事業を守る見地から，一定の宅地について大幅な評価の減額が以下のとおり行われます。

相続開始の直前における宅地等の利用区分			要件	限度面積	減額割合
被相続人等の居住の用に供されていた宅地等		①	特定居住用宅地等に該当する宅地等	330㎡	80%
非相続人等の事業の用に供されていた宅地等	貸付事業以外の事業用の宅地等	②	特定事業用宅地等に該当する宅地等	400㎡	80%
	貸付事業用の宅地等	③	特定同族会社事業用宅地等に該当する宅地等（一定の法人の事業の用に供されていたものに限ります）	400㎡	80%
		④	貸付事業用宅地等に該当する宅地等	200㎡	50%

※③は特定事業用宅地等に含まれます。

　次に，被相続人の配偶者が相続等により財産を取得した場合，法定相続分と1億6千万円までのいずれか多い金額まで，相続税が課税されないという，配偶者の税額軽減の制度もあります。

　ただし，小規模宅地の評価の特例も配偶者の税額軽減もいずれも特例のため，この適用を受けるためには，たとえ税額ゼロでも相続税の申告は必要です。

(4) 基礎控除と税率

　課税価格の合計額から差し引かれる基礎控除額は，3,000万円＋(600万円×法定相続人数)で，法定相続人3人であれば基礎控除額は4,800万円になります。

　税率は次のようになっています。

各法定相続人の取得金額	税率(%)	控除額(万円)
～1,000万円	10	－
～3,000万円	15	50
～5,000万円	20	200
～1億円	30	700
～2億円	40	1,700
～3億円	45	2,700
～6億円	50	4,200
6億円超	55	7,200

(5) 贈 与 税

贈与税については，原則的方法である「暦年課税」と特例的方法である「相続時精算課税制度」の二つに分かれます。

暦年課税とは，個人が年間（1月1日から12月31日まで）の合計贈与額が，基礎控除額110万円を超えた場合に，所轄税務署に申告しなければならない制度です。

贈与税率については，次の速算表の通りですが，これとは直系尊属以外から受けた贈与である一般贈与財産と，直系尊属から受けた贈与である特例贈与財産に区分され計算されます。

（一般贈与財産）

基礎控除後の課税価格	税率	控除額
200万円以下	10%	－
300万円以下	15%	10万円
400万円以下	20%	25万円
600万円以下	30%	65万円
1,000万円以下	40%	125万円
1,500万円以下	45%	175万円
3,000万円以下	50%	250万円
3,000万円超	55%	400万円

（特例贈与財産）

基礎控除後の課税価格	税率	控除額
200万円以下	10%	－
300万円以下	15%	10万円
400万円以下	20%	30万円
600万円以下	30%	90万円
1,000万円以下	40%	190万円
1,500万円以下	45%	265万円
3,000万円以下	50%	415万円
3,000万円超	55%	640万円

次に，相続時精算課税制度とは，原則として60歳以上の父母又は祖父母から，20歳以上の子又は孫に対して，贈与をした場合の制度で，2,500万円まで非課税で贈与でき，超過部分については20％で課税される制度です。
　この制度を選んだ場合，贈与の都度申告が必要となり，また，一担この制度を選択したら，暦年課税を使うことはできません。

6 税務調査と今後の税制の動向

1 税務調査

(1) ポイント

　宗教法人が収益事業を行なっていれば，法人税の申告義務が発生し，申告書に貸借対照表，損益計算書，勘定科目内訳明細書などを添付します。
　そして，これらの書類を作成するための会計帳簿も必要となります。
　宗教法人の税務調査のポイントとしては，大まかにいって次のとおりです。
① 会計帳簿の調査と記帳漏れはないか
② 収入の金額及び期間帰属は正しいか
③ 預金通帳や支出の証明となる領収証等の調査
④ 収益事業についての事実の確認
⑤ 使途不明取引はないか
⑥ 個人の源泉徴収はきちんと行なわれているか
⑦ 現物給与はないか
⑧ 宗教法人会計の中に，代表役員等個人が負担すべきものはないか
　さらに，平成8年税制改正におきまして，収益事業を営まない宗教法人についても，年間収入8,000万円超であれば，収支計算書の所轄税務署への提出義務が課せられたため，この点も重要な調査ポイントになるでしょう。

(2) 税務調査を無難に終わらせる方法

　税務署員も人の子です。宗教法人がきちんと見やすい資料を提示すれば，好印象を持ち，もし誤謬などが見つかっても好意的にとってくれるはずです（不正はダメですが）。
　ですから，第一に税務署に提出する申告書，決算書や勘定内訳書といったも

のは，もれなく，見やすく，細かく開示する姿勢で提出するとよいでしょう。

第二として，決算書作成の裏付けとなった会計帳簿の整備，領収書等の整備が望まれます。

会計帳簿については，取引の事実を正規の簿記の原則に従って整然かつ明瞭に記帳し，記帳漏れとか使途不明取引がないことを判るようにしておきましょう。もちろん，仕訳帳，総勘定元帳などは，きちんと揃えておいて下さい。

領収書等については，日付順に整然と整理し，帳簿と後で容易に検索できるように番号を証憑と帳簿に記入し（例えば4月の1番目の証憑であれば，4－1とか番号を打つ），整理するとよいでしょう。

いずれにしても，税務調査を後ろ向きに考えず，勉強の場と考えればよいでしょう。

(3) 税務調査否認事例

実際の税務調査における否認事例は，次の表のとおりです。

項　　目	否　　認　　事　　項
引出物代金の収益計上時期	決算期末までに入金がなかったため売上計上しなかった引出物の代金について，披露宴のあった日に売上計上されるよう指摘された
更新料収入	収益事業として駐車場経営をしていて，更新料を非収益事業として経営していたら否認された
テレホンカード	テレホンカード販売を非収益事業としていたら否認された
墓石あっ旋料	墓石販売業者から受取ったあっ旋料を非収益事業として経理していたら否認された
個人が負担すべき費用	宗教法人が住職の家賃などを負担していたところ，個人負担にすべきとの指摘をされた
住職の出身大学への寄付金	住職の出身大学への寄付金を宗教法人会計から支出していたところ否認された
役僧のお布施	役僧としてのお布施は，宗教法人からの報酬と指摘された

(4) 最近の税務調査手続の改正

平成25年1月から「経済社会の構造の変化に対応した税制の構築を図るための所得税法等の一部を改正する法律」の施行により，税務調査手続の改正が行われました。

まず，第一に税務調査終了の手続の明文化です。

これは，国税通則法第74条の11の「調査終了の際の手続」について，以下の2点が明文化されました。

① 調査の結果，修正申告をすべき事項がある場合には，調査官は納税者に対して修正申告を勧奨すること。その際には，修正申告をすると不服申立はできないことを説明するとともに，その旨を記載した書面を納税者に交付すること。

② 修正申告をすべき事項がない場合には，その旨を書面により通知すること。これがいわゆる是認通知というものです。

第二に，国税通則法第74条の9の「納税義務者に対する調査の事前通知等」も明文化され，以下の7項目が納税義務者や関与税理士に事前に通知されることになりました。

① 質問検査等を行う実地の調査（以下この条において単に「調査」という）を開始する日時

② 調査を行う場所

③ 調査の目的

④ 調査の対象となる税目

⑤ 調査の対象となる期間

⑥ 調査の対象となる帳簿書類その他の物件

⑦ その他調査の適正かつ円滑な実地に必要なものとして政令で定める事項

また，事前通知を要しない場合も明文化され，事前通知を行うと税額等の範囲を困難にするおそれがあるなど，一定の場合には，事前通知を要しないと規定されました。

第三に，国税通則法第74条の7に，税務調査官が書類を預かり税務署に持ち

帰る，いわゆる「書類の留置き」ということが行われていましたが，この点も明文化されました。

2　今後の税制の動向

宗教法人に対する税制は，優遇されており甘いとの指摘をよく受けます。それに伴ってといいますか，反比例してといいますか，経理がいいかげんだったり，帳簿不備などが多々見受けられます。

宗教法人の課税については，今後間違いなく強化される方向で進むものと思われ，諸々の開示も要求されていくように思われます。

私なりに考えたポイントは，次のとおりです。

① ディスクロージャーの拡大
② 課税対象の拡大
③ 収益事業の法人税率の一般企業並の引上げ
④ 公認会計士監査の導入

参 考 文 献

『宗教法人の規則』,文化庁,ぎょうせい
『宗教法人の事務』,文化庁,ぎょうせい
『宗教法人の財務』,文化庁,ぎょうせい
『宗教法人の事務質疑応答集』,文化庁,ぎょうせい
『Q&A改正宗教法人の管理運営』,宗教法人研究会編著,ぎょうせい
『Q&A改正宗教法人法』,宗教法人研究会編著,ぎょうせい
『宗教法人の税金相談』,西尾祐男著,ぎょうせい
『宗教法人の会計と税務』,ナニワ監査法人編著,清文社
『宗教法人の会計と税務』,辻　敢監修,新日本法規
『宗教法人の経理と財務』,鈴木　清編,中央経済社
『宗教法人とその税務』,税のしるべ総局編集部編,大蔵財務協会
『宗教法人のための税務運営マニュアル』,本郷公認会計士事務所他編著,大成出版社
『宗教法人の会計と税務』,守屋俊晴著,成星出版
『21世紀の宗教法人法』,紀藤正樹著,朝日新聞社
『公益法人ハンドブック』,拙著,税務経理協会

著者紹介

実藤　秀志（さねとう　ひでし）

昭和36年　東京生まれ
昭和58年　埼玉大学経済学部卒業
昭和60年　公認会計士2次試験合格
平成元年　公認会計士3次試験合格
平成4年　独立開業
平成8年　不動産鑑定士2次試験合格
現　在　公認会計士，税理士，不動産鑑定士補
著　書　『1週間で「会計の基本」が身につく本』（PHP研究所）
　　　　『老後破産しないための「6,000万円獲得大作戦」』（トータルEメディア出版）
　　　　『あなたの終活を大成功に導く』（トータルEメディア出版）
　　　　『新公益法人ハンドブック』（税務経理協会）
　　　　『学校法人ハンドブック』（税務経理協会）
　　　　『社会福祉法人ハンドブック』（税務経理協会）
　　　　『医療法人ハンドブック』（税務経理協会）
　　　　『新証券税制ハンドブック』（税務経理協会）など
編　著　『超高齢化時代へのライフデザイン』（税務経理協会）
連絡先：千葉県船橋市松が丘1-35-1
　　　　Tel　047（469）4768　　Fax　047（469）7078
　　　　URL　http://www.saneto-kaikei.com

著者との契約により検印省略

平成 8 年 2 月20日	初　　版第 1 刷発行
平成 9 年 6 月20日	改訂版第 1 刷発行
平成11年 2 月20日	三訂版第 1 刷発行
平成12年10月20日	四訂版第 1 刷発行
平成15年 2 月20日	五訂版第 1 刷発行
平成18年 7 月20日	六訂版第 1 刷発行
平成19年 8 月20日	七訂版第 1 刷発行
平成20年 8 月20日	八訂版第 1 刷発行
平成23年 4 月20日	九訂版第 1 刷発行
平成26年12月20日	十訂版第 1 刷発行
平成30年12月20日	十一訂版第 1 刷発行

宗教法人ハンドブック
－設立・会計・税務のすべて－
〔十一訂版〕

著　者　実　藤　秀　志
発行者　大　坪　克　行
印刷所　税経印刷株式会社
製本所　牧製本印刷株式会社

発行所　〒161-0033　東京都新宿区
　　　　下落合 2 丁目 5 番13号
　　　　振　替　00190-2-187408
　　　　F A X　(03)3565-3391
　　　　URL　http://www.zeikei.co.jp/
　　　　乱丁・落丁の場合は、お取替えいたします。

株式会社　税務経理協会

電話　(03)3953-3301（編集部）
　　　(03)3953-3325（営業部）

© 実藤秀志 2018　　　　　　　　　　　　　Printed in Japan

本書の無断複写は著作権法上での例外を除き禁じられています。複写される場合は、そのつど事前に、（社）出版者著作権管理機構（電話 03-3513-6969、FAX 03-3513-6979、e-mail：info@jcopy.or.jp）の許諾を得てください。

JCOPY ＜（社）出版者著作権管理機構　委託出版物＞

ISBN978-4-419-06596-6　C3032